고대

질문하는 한국사1

전덕재 글 ― 장경혜 그림

삼국은 왜 틈만 나면 전쟁을 벌였을까?

고대

질문하는
한국사1

나무를심는사람들

논쟁도 전쟁도 많았던
우리 고대사에서 배우는 지혜

역사란 무엇일까요? 알 듯 말 듯 정확하게 대답하기 힘든 질문이네요. 일반적으로 역사는 인간이 살아온 사회생활 전체로서의 '과거'를 뜻해요. 쉽게 말해 인류가 지구상에 출현해서부터 어제까지의 과거를 '역사'라고 부를 수 있지요.

우리는 과거에 살았던 인류가 남긴 유형·무형의 유산을 통해 과거를 이해합니다. 이런 다양한 유산을 통해 역사적 사실을 많이 밝힐 수 있지만, 단편적인 역사적 사실 그 자체를 역사라고 하지는 않아요. 그럼 우리가 배우는 역사란 과연 무엇을 뜻하는 걸까요? 그것은 역사가에 의해 한번 걸러진 과거, 다시 말해 과거에 대한 역사가의 역사상을 가리킵니다. 역사가가 과거 인간 생활의 흔적을 일정한 방법으로 분석하여 그 사이의 상호 관계를 밝히고, 논리적으로 재구성한 창조물인 것이지요.

그런데 역사가들이 똑같은 사건을 똑같은 자료로 연구했는데도 다른 이야기를 하는 경우를 자주 볼 수 있습니다. 남쪽의 역사가들은 대체로 신라의 삼국 통일을 긍정적으로 평가하는 반면, 북쪽의 역사가들은 신라가 삼국을 통일한 것이 아니라고 해요. 또 중국 역사학자들은 발해와 부여뿐만 아니라 고구려까지 중국 역사에 포함시켜야 한다고 주장해 우리나라 역사가들의 반발을 사기도 했죠. 역사가들은 왜 이렇게 서로 다른 이야기를 할까요? 그건 역사를 바라보는 역사가의 입장이 다르기 때문입니다. 앞에서 보듯이 국적에 따라 또 출신 지역이나 사회적 위치 등에 따라 달라지기도 합니다.

특히 우리나라 역사 가운데 유독 고대사를 둘러싼 논쟁이 많아요. 고조선의 수도는 어디였는지, 한사군은 우리 역사에서 어떤 역할을 했는지, 삼국 시대가 아니고 사국 시대라고 불러야 하는 것은 아닌지 등등을 둘러싸고 서로 다른 의견을 냅니다. 왜 그럴까요?

고대는 너무나 먼 옛날이어서 지금까지 남아 있는 기록이 아주 적습니다. 게다가 그것조차도 단편적인 경우가 많습니다. 거기에다 고대인들의 생활상을 알려 주는 유물도 다른 시기에 비해 무척 적습니다. 적은 기록과 유물로 연구하는 과정에서 추론을 많이 할 수밖에 없고, 그러면서 다양한 해석과 주장이 제기되는 것은 당연한 일입니다.

고대는 논쟁뿐만 아니라 전쟁도 많았던 시기입니다. 특히 고구려와 백제, 신라가 서로 맞선 시기에는 해마다 전쟁이 일어났다고 해도 과언이 아닙니다. 삼국은 나라의 힘인 영토와 백성을 더많이 확보하기 위해 전쟁을 자주 벌였습니다. 전쟁이 계속되면서 백성들은 엄청난 고통을 받아야 했지요. 전장에서 목숨을 잃기도하고, 다치면 평생 신체적 고통을 감내하며 살아야 했어요. 만약에 적에게 포로로 잡히기라도 하면 평생 노비로 살아야만 했습니다.
하지만 전쟁이 부정적인 역할만 수행한 것은 아닙니다. 삼국이 중국과 전쟁하는 과정에서 중국의 선진 문물이 전래되어 삼국의 문화가 발전하는 데 도움을 주었고, 삼국 통일의 과정에서 세 나라 사람들이 융합할 수 있는 계기들이 만들어져 우리 민족 형성의 기틀이 다져졌다고도 평가합니다. 고대 사회에서 전쟁은 사회를 변화시키는 계기를 제공했습니다.

논쟁과 전쟁이 많은 우리 고대사, 여러분은 우리나라 고대 역사에 대해 얼마나 알고 있나요? 지금과 비교해 모든 것이 부족해 보이는 우리 조상들이 어떤 생각을 하며 어떻게 살았는지 살피다 보면, 현대를 살아가는 우리에게 도움이 되는 지혜를 얻을 수 있어요. 이제, 천천히 고대로 여행을 떠나 볼까요?

차례

2장

고대 국가가 탄생하다

7장

문화의 꽃을 피우다

1장

선사 시대, 기록 이전의 역사

1

기록이 없는
고대사는
어떻게 연구해?

인류가 나타난 이후부터 역사를 기록하기 이전 시기를 흔히 선사 시대라고 부릅니다. 우리나라의 고대사는 선사 시대부터 고조선을 거쳐 신라가 멸망한 935년까지의 역사를 담고 있지요. 그런데 기록이 없는 선사 시대나 기록이 많이 부족한 시대의 역사는 어떻게 알 수 있을까요?

지금 우리가 역사적 사실이라고 알고 있는 것들은 과거에 일어난 일들 가운데 역사책이나 금석문, 목간 등에 기록된 사실들입니다. 이렇게 과거의 사실을 기록한 역사책이나 기록들을 사료라고 불러요.

지금까지 남아 있는 가장 오래된 우리나라 역사책은 『삼국사기』입니다. 이 책은 고려 때인 1145년에 유학자 김부식이 중심이 되어 편찬한 책이지요. 우리 고대사를 기록한 또 다른 역사책은 1280년대 초반 승려 일연이 지은 『삼국유사』예요. 이 두 역사책에서는 신라와 고구려, 백제의 역사를 집중적으로 다루었고, 고조선과 부여, 가야, 발해의 역사는 소홀하게 다루었어요. 또한 삼국 시대부터 오랜 시간이 지난 뒤인 고려 시대에 여러 전승 자료를 모아 정리한 것이어서 후대에 가공한 내용을 적지 않게 발견할 수 있어요. 따라서 우리나라 고대의 모습을 사실대로 전하는 데 한계가 있지요.

『삼국사기』와 『삼국유사』의 한계를 보완하는 사료로 고문서와 금석문, 목간이 있습니다. 대표적인 고문서에는 일본 도다이지에서 발견된 신라 촌락 문서가 있어요. 이 문서에는 신라 시대의 마을 이름과 구역, 땅 등에 대한 기록이 남겨져 있어요.

'금석문'은 쇠나 돌에 글자를 새긴 것을 뜻해요. 고대인이 만든 금석문에는 광개토 대왕릉비와 진흥왕 순수비 그리고 칠지도 등이 있는데 이 유물들에는 당시에 새긴 글자가 남아 있어요. '목간'은 나뭇조각에 글자를 쓴 것을 가리켜요. 근래에 경남 함안의 성산산성과 경주 월성 해자 등에서 수백 점의 목간이 발견되었어요. 이 목간에는 당시 사용하던 물품의 목록뿐만 아니라 6세기 신라 촌락 사회에 대한 각종 정보가 적혀 있어요. 사료들이 새로 발굴될 때마다 그동안 알려지지 않은 고대의 역사에 대해 정보를 많이 얻을 수 있답니다.

외국에서 편찬한 역사책에도 우리의 고대 역사에 관한 내용이 많이 전하고 있어요. 고조선과 부여, 동예, 옥저, 삼한, 발해의 역사는 『삼국지』를 비롯한 중국의 역사책을 통해 알 수 있어요. 가야의 역사는 『일본서기』 같은 일본 역사책을 활용해 연구하고 있지요. 다만 『일본서기』에는 삼국의 역사를 가공해 기록한 내용이 많아 사료로 활용할 때는 아주 조심해야 합니다.

"유적과 유물로도 고대인의
생활 모습을 알아낸다고?"

역사책에는 과거의 일들 가운데 정치·사회적으로 영향을 주었다고 생각되는 사건들이 주로 기록된 반면, 사람들의 일상생활에 대한 기록은 거의 남아 있지 않아요. 사람들이 어떤 집에 살면서 매일 무엇을 먹고, 어떤 옷을 입고, 언제 일어나고 언제 잤는지 등 일상적인 삶에 대해 아무 기록이 없습니다. 그럼 우리는 고대인의 일상생활을 어떻게 알 수 있을까요?

고대인의 일상생활을 복원하기 위해 많이 활용하는 방법은 바로 고고학적 발굴 조사입니다. 고고학자들은 고대의 유적지를 발굴해서 나온 물질 자료를 분석해 고대인의 일상생활을 복원할 뿐만 아니라 우리가 미처 알지 못했던 새로운 역사적 사실을 밝혀냅니다. 특히 문자를 사용하기 이전 시대인 선사 시대 사람들의 생활과 문화에 대한 정보를 얻을 수 있는 유일한 방법은 바로 사람들이 남긴 유적이나 유물을 조사하는 것뿐입니다.

지구상에 처음 나타난 인류는 나무 또는 동물 뼈 등을 가지고 널리 도구로 만들어 사용했어요. 그런데 나무와 동물 뼈로 만든 도구는 오랜 시간이 지나면서 대부분 썩어 없어졌지요. 이에 반해 돌이나 금속으로 만든 도구는 땅속에 묻혀도 썩지 않고 그대로 형태가 보존된 경우가 많아요. 그 덕분에 선사 시대의 유적에서는 돌과 청동, 철로 만든 도구가 주로 발견되고 있어요. 그래서 고고학자들은 인류가 사용한 도구의 재료에 초점을 맞추어 선사 시대를 크게 구석기와 신석기, 청동기로 시대를 구분합니다.

지금까지 다양한 사료와 고고학적 발굴 조사를 통해 밝혀진 우리나라 고대사는 과연 어떠한 모습일까 무척 궁금하지요? 지금부터 천천히 과거로 떠나 우리나라 고대사가 어떻게 전개되었고, 고대인들이 어떻게 살았는지 알아보겠습니다.

2

인류의 삶에
큰 변화를
가져온 계기는?

예전에 아시아의 물개라는 별명을 가진 유명한 수영 선수였던 조오련이 현해탄을 헤엄쳐 건너 사람들을 깜짝 놀라게 했어요. 그런데 이것보다 더 놀라운 사실은 일본에 걸어서 간 사람들이 있었다는 건데, 바로 구석기 시대 사람들이에요. 구석기 시대 사람들은 지금과 다른 환경에서 어떻게 살아갔을까요?

 사람으로 분류되는 고인류가 처음 등장한 700만 년 전에서부터 1만 2천 년 무렵에 이르는 시기를 '구석기 시대'라고 일컫는데, 이 시기는 인류 역사의 99% 이상을 차지합니다. 한반도에서는 70만 년 전부터 인류가 살았다고 하지요.

구석기 시대에는 빙하기라고 불리는 혹심한 환경이 수만 년을 주기로 반복되었어요. 이때는 한반도에 한대 동물인 매머드가 살았다는 증거가 발견되었지요. 빙하기와 빙하기 사이를 간빙기라고 부르는데, 이때는 기후가 따뜻해서 한반도에 열대 동물인 원숭이나 쌍코뿔이 등이 살았다는 증거가 발견되기도 했어요.

지금으로부터 8~7만 년 전에 마지막 빙하기가 시작되었어요. 특히 2만 년 전에 빙하가 가장 크게 발달했는데, 이 시기를 흔히 '최후 빙하 극성기'라고 부릅니다. 이때 해수면이 오늘날보다 120~135미터가량 낮아서 한반도와 중국, 일본은 육지로 서로 연결되었고, 동해는 내륙의 호수였다고 해요. 당시에는 중국에서 한반도를 거쳐 일본까지 걸어서 간 사람들이 많았을 거예요. 지금의 한반도 지형은 구석기 시대가 끝날 무렵 빙하가 녹아 해수면이 높아지면서 갖추어졌습니다.

그러면 구석기 시대 사람들은 어떻게 살았을까요? 초기 인류는 나무나 동물 뼈 같은 도구를 사용했어요. 그러다가 지능이 발달하면서 몸돌에서 의도적으로 떼어 낸 석기를 사용하기 시작했는데 이런 걸 '뗀석기'라고 불러요. 먹거리로 처음에는 식물을 주로 이용했고, 동물성 단백질은 사냥보다는 다른 짐승이 먹다 남긴 사체에 붙은 고기를 뜯어 먹었다고 해요. 이때 인류는 크고 거친 주먹도끼와 찍개, 가로날도끼 등을 가지고 식물을 채집하거나 고기를 잘랐을 거예요.

지금으로부터 4만 년 전, 후기 구석기 시대가 시작되어서야 비로소 집단으로 이동하는 순록 같은 대형 동물을 사냥하게 되었어요. 사냥을 통해 구한 먹거리를 밀개, 뚜르개 같은 작고 정교한 뗀석기를 이용해 먹기 좋게 다듬었어요.

구석기 시대 사람들은 무리 지어 끊임없이 먹거리를 찾아 이동하며 주로 동굴이나 바위 그늘에서 생활했어요. 따뜻한 계절에는 잠시 강가에 막집을 짓고 살기도 했지요. 이 때문에 구석기 시대 유적은 주로 석회암 동굴과 바위 그늘, 강가에서 발견되었어요. 대표적인 유적으로 평남 상원 검은모루 동굴, 충북 단양 수양개, 경기도 연천 전곡리, 충남 공주 석장리를 들 수 있답니다. 이 밖에도 한반도 곳곳에서 구석기 시대 사람들이 살던 흔적들이 많이 발견되고 있어요.

"인류의 삶을 변화시킨 건 바로 불!"

　구석기 시대에 인류의 삶에 중요한 변화를 가져다준 계기는 무엇일까요? 그것은 바로 '불'을 자유롭게 이용하는 것이었어요. 호모 에렉투스(곧선사람)인 중국의 '베이징 원인'이 지구상에서 가장 먼저 불을 사용한 것으로 알려졌지요. 한반도에서는 구석기 시대 중기에 마찰열로 불을 피우는 법을 알게 되었다고 해요.

　인류는 불에 음식을 익혀 먹으면서 소화를 더 잘 시키고 단백질을 더 많이 보충할 수 있었어요. 그 결과 다양한 먹거리를 먹게 되었고, 수명도 연장되었다고 해요. 또한 불을 마음대로 이용하게 되면서 추위와 어둠의 공포, 맹수의 위협으로부터 벗어날 수 있었답니다.

　불의 사용 이후 지능이 크게 발달한 인류는 구석기 시대 후기

베이징 원인
　　　1920년대 베이징 저우커우뎬의 한 동굴에서 발견된 화석 인류로, 호모 에렉투스 페키넨시스라고도 한다. 70~20만 년 전에 살았던 것으로 추정한다. 구부정하게 직립 보행을 했고, 돌로 도구를 만들어 썼다. 주로 사슴이나 야생 앵두, 풀씨 등을 먹었다. 최초로 불을 쓴 인류로, 고기를 구워 먹은 흔적이 남아 있다.

에 이르러 소리를 질러 의사소통을 하거나 상징적인 언어를 사용하기 시작했어요. 또한 삶의 여유가 생기면서 머릿속에 담긴 생각이나 느낌, 꿈 따위를 그림으로 그리거나 조각으로 새겼어요. 프랑스의 라스코 동굴과 에스파냐의 알타미라 동굴에서 들소나 사슴 등을 그린 벽화가 발견되었지요. 우리나라에서는 평남 상원 용곡 동굴에서 하트 모양으로 점을 찍거나 구멍을 뚫어 사람 얼굴을 표현한 작품이, 공주 석장리와 단양 수양개에서 고래와 물고기를 새긴 조각이 발견되었지요.

구석기 시대에 인류는 더디게 진화했어요. 그러면서도 보다 나은 삶을 개척하기 위해 부단히 노력했지요. 오늘날 지구상에 살고 있는 인류의 번영은 바로 구석기 시대 사람들이 힘겹게 살면서 남긴 유산이 밑거름이 되었다는 사실을 결코 잊어서는 안 될 것입니다.

3

토기에
무슨 음식을
담아 먹었을까?

우리나라의 밥상에 빠지지 않는 음식이 있는데, 바로 쌀밥입니다. 그러면 쌀밥은 언제부터 우리의 주식이 되었을까요? 그리고 지구상에 인류가 처음 출현했을 때, 그들이 먹은 주 메뉴는 무엇이었을까요?

 아마도 지구상에 처음 출현한 인류가 먹은 음식은 주로 나무 열매나 풀뿌리, 아니면 벌레 같은 것들이었을 거예요. 구석기 사람들은 채집한 나무 열매나 식물을 짐승의 가죽이나 넓은 나뭇잎 또는 나뭇가지로 엮은 바구니를 이용해 날랐겠지요.

그러다가 1만 2천여 년 전 신석기 시대가 시작될 무렵, 기온이 급격하게 올라가면서 먹거리가 크게 늘어났어요. 신석기 사람들은 늘어난 먹거리를 효과적으로 운반하거나 저장하기 위해, 그리고 끓여 먹기 위해 '토기'를 만들어 사용했어요. 토기는 흙을 물에 개어 빚은 뒤 불에 구워 만든 그릇이에요. 한반도의 초기 신석기 시대에는 이른민무늬와 덧무늬, 눌러찍기무늬 토기가 만들어졌고, 중기와 후기에는 다양한 크기의 빗살무늬 토기가 널리 만들어져 사용되었어요.

바닷가에 있는 신석기 시대의 조개더미 유적을 조사해 보니 다양한 종류의 생선과 바다표범, 물개, 바다사자, 고래 같은 바다짐승과 조개류, 꿩과 오리, 사슴과 멧돼지 등도 먹었다는 사실을 확인할 수 있었어요.

이 밖에도 즐겨 먹은 먹거리 가운데 대표적인 것이 바로 도토리예요. 주변의 산에서 쉽게 구할 수 있는 데다 별 특별한 노력 없이도 배를 불릴 만큼 많이 얻을 수 있었기 때문이지요. 하지만 도토리에는 타닌 성분이 많아 떫은맛이 나요. 떫은맛을 없애려고 재와 풀로 싸서 모래에 묻어 두거나 갈아서 가루로 만든 뒤 물에 담가 두었을 거예요. 당시 사람들은 가을에 모은 도토리를 커다란 토기에 담아 저장하기도 하고 토기에 넣어 끓여 먹었답니다.

"농경과 목축으로 다양해진 식사"

이 당시 먹거리에 커다란 변화를 가져온 것은 바로 농경의 시작이었어요. 농경이 시작되면서 인류는 채집 경제에서 생산 경제로 나아갔지요. 중국의 요동 지방에서는 기원전 5000년 무렵, 한반도에서는 기원전 4000년 무렵 농경이 시작되었어요. 당시에 밭에서는 조와 기장을 주로 재배했고, 농사를 지을 때는 돌로 만든 다양한 농기구를 사용했어요. 이와 더불어 돼지와 개를 가축으로 사육했지요. 그때부터는 토기 그릇에 조밥과 돼지고기를 담아 다양한 식사를 즐겼을 거예요.

신석기 시대에 농경과 가축의 사육이 시작되었다고 하더라도 여전히 채집과 어로, 사냥을 통해 먹거리를 공급하는 비중이 높았어요. 그러다 청동기 시대에 이르면서 농사를 지어 먹거리를 공급하는 비중이 크게 높아졌어요. 보리와 밀, 콩, 기장, 수수, 팥 등 잡곡을 재배했는데, 특히 보리와 콩을 널리 재배했다고 해요. 이 시대에 이르러 비로소 잡곡으로 만든 밥, 소금에 절인 김치가 주식으로 자리 잡았고, 이와 같은 메뉴는 삼국 시대까지도 그대로 이어졌어요.

그럼 쌀밥은 언제부터 먹기 시작했을까요? 신석기 시대 말에 벼농사를 짓기 시작했다고 주장하는 역사가들도 있지만, 청동기 시대에 들어 벼농사가 보급되었다고 보는 것이 일반적이에요. 그러니까 우리들의 밥상에 쌀밥이 오르기 시작한 것은 청동기 시대부터라고 볼 수 있지요. 다만 청동기 시대의 주식은 조와 기장, 보리, 밀, 콩 같은 잡곡이었고, 쌀은 보조하는 역할이었어요. 삼국과 통일 신라 시대에도 백성들은 여전히 쌀밥을 먹기 힘들었고, 고려 시대에 이르러서야 비로소 쌀밥을 먹는 사람들이 늘어났답니다.

4

반구대
바위그림에는 왜
동물이 많을까?

'자 떠나자 / 동해 바다로 / 신화처럼 숨을 쉬는 / 고래 잡으러'

우리 가요인 「고래 사냥」의 노랫말 가운데 한 구절입니다. 우리는 이 노래를 들으면 동해에서 고래를 사냥하는 어부가 떠오릅니다. 그런데 아주 먼 옛날 우리 선조들이 동해에서 고래를 잡는 모습을 볼 수 있는 그림이 있어요. 이 그림은 어디에 있을까요?

 울산시 울주군 언양읍 대곡리에 가면 '울주 대곡리 반구대 암각화'를 볼 수 있어요. '반구대'는 거북이 엎드려 있는 듯한 언덕 모습 때문에 붙여진 이름이에요. '암각화'는 바위그림이라는 뜻이지요. 이 바위에는 20여 명의 어부가 고래잡이배를 타고 고래를 사냥하는 모습이 새겨져 있어요. 또 작살에 맞은 고래, 새끼를 데리고 다니는 고래, 물을 뿜으며 헤엄치는 고래 그림도 볼 수 있지요. 또한 물개, 바다거북 같은 바다 동물뿐만 아니라 호랑이, 멧돼지, 사슴과 같은 육지 동물, 가면을 쓴 무당, 짐승을 사냥하는 사냥꾼 등 모두 200여 점의 그림이 새겨져 있어요.

반구대 바위그림은 신석기 시대 후기에서 청동기 시대에 걸쳐 새겨졌다고 해요. 고래 같은 바다 동물은 면쪼아새김으로, 육지 동물은 선쪼아새김으로 그려진 것이 압도적으로 많아요. 시기적으로는 면쪼기로 먼저 바다 동물을 새기고, 후에 선쪼기로 육지 동물을 새겼다고 해요.

그런데 선사 시대 사람들은 왜 반구대 바위에 동물 그림을 새겼을까요? 첫 번째로는 이 바위그림을 바다 동물과 육지 동물에 관한 지식 및 사냥 방법, 고래 고기의 분배 방식 등을 가르치기 위해 새긴 것으로 봐요. 두 번째로는 반구대는 제사를 지내던 신성한 장소로, 수렵과 어로의 성공 및 바다 동물과 육지 동물의 풍요와 번식을 기원하기 위해 수렵과 어로 활동의 현장을 생동감 있게 바위에 새겼다고 봅니다. 반구대 바위에서 제의를 주관하던 무당의 모습과 얼굴을 새긴 그림에 근거해 역사가들은 대부분 두 번째 견해를 지지하고 있답니다.

반구대 바위에는 사람과 동물을 사실적으로 새겼는데, 이 같은 표현 기법으로 새긴 것을 사실주의 또는 자연주의 바위그림이라고 불러요. 우리나라에서는 사실주의 바위그림과 더불어 사물의 본질과 특징을 간단한 기하학적 도형으로 표현한 바위그림도 많이 발견되고 있어요. 이러한 것들을 상징주의 또는 추상주의 바위그림이라고 부릅니다.

반구대에서 약 1.5킬로미터 떨어진 울산시 울주군 천전리에 있는 바위(울주 천전리 각석)에도 선사 시대 사람들이 새긴 그림이 있는데 동심원과 타원, 마름모꼴 등 다양한 기하학적 도형이 주를 이루어요. 동심원 무늬는 태양을 상징하는 것으로, 태양신에게 다산과 풍요를 기원하려고 바위에 새긴 것이지요.

한편, 경북 경주시 석장동에 있는 바위그림(경주 석장동 암각화)과 포항시 북구 칠포리 바위그림(영일 칠포리 암각화군)에는 긴 사다리꼴 모양의 기하학적 도형이 새겨져 있어요. 사람 얼굴을 추상화한 것이라고 보기도 하고, 방패를 상징한다고 보기도 해요. 또 청동기 시대 유물인 돌칼 손잡이를 본뜬 것이라는 주장도 있지요. 어느 견해가 옳은지 정확하게 알 수 없지만, 이런 기하학적 도형 그림 역시 풍요를 기원하기 위해 새겼다고 본답니다. 일반적으로 사실주의 바위그림이 먼저, 상징주의 바위그림이 나중에 만들어졌다고 봐요.

선사 시대에는 문자로 된 기록이 남아 있지 않기 때문에 당시 사람들이 남긴 유적과 유물을 가지고 연구할 수밖에 없어요. 따라서 선사 시대의 바위그림은 신석기 시대와 청동기 시대 사람들의 생활 양식과 사고방식, 종교와 신앙 등을 알려 주는 귀중한 자료랍니다.

5

탁자식
고인돌은 누구의
무덤일까?

고인돌은 청동기 시대의 대표적인 무덤으로, 한반도 남부 지역에서는 작은 돌 위에 커다란 돌덩이를 올려놓은 바둑판식 고인돌과 돌널 위에 덮개돌을 얹어 놓은 뚜껑식 고인돌이 흔히 발견됩니다. 반면 판돌 위에 넓고 평평한 덮개돌을 얹은 탁자식 고인돌은 한반도 서북 지역과 중국 요동 지역에서 많이 볼 수 있지요. 이런 고인돌에는 어떤 사람들이 묻혔을까요?

 중국의 요동과 요서 지역에서는 기원전 12세기 무렵 청동기를 사용했고, 한반도에서는 이보다 늦은 기원전 10세기 무렵 청동기를 사용했어요. 하지만 한반도에서는 청동이 귀해서 농기구까지 만들지는 못했고, 청동 방울이나 청동 거울 같은 장식품을 만들거나 날카로운 청동 공구로 정교한 목제 농기구를 만들어 사용했습니다.

청동기 시대에 농업 생산이 늘면서 인구가 증가하자, 농사를 짓는 경작지나 거주지를 확대하려는 움직임이 널리 퍼졌어요. 이 과정에서 씨족 또는 부족, 그리고 취락과 취락 사이에 경쟁과 갈등, 전쟁이 일상화되었지요. 울주 검단리, 부여 송국리, 진주 대평리에서 발견된 청동기 시대의 대규모 취락지를 보면 다양한 크기의 집터와 밭, 무덤과 함께 물웅덩이나 나무 울타리 같은 방어 시설이 발견되었어요. 이런 유적들은 당시 전쟁이 빈번하게 일어났던 사실을 알려 줍니다.

전쟁이 일상화되면서 우수한 청동기를 소유한 부족이 주변의 부족이나 집단을 통합해 복잡한 사회 구조를 갖추게 되었어요. 이러한 사회를 다스리는 지배자를 '군장'이라고 부릅니다. 중국의 요동 지역과 한반도 서북 지역에서는 군장이 죽으면 그의 권위를 상징하는 거대한 규모의 탁자식 고인돌을 만들어 묻었어요. 거대한 고인돌을 옮기려면 수십 명, 많게는 수백 명의 노동력을 동원해야 했지요.

"힘센 권력자만 거대 고인돌을 만들 수 있어"

하나씩 거대하게 만들어진 탁자식 고인돌과 달리 바둑판식 또는 뚜껑식 고인돌은 비슷비슷한 크기의 고인돌이 떼를 지어 있어요. 이런 고인돌에는 몇몇 힘센 유력자뿐만 아니라 부족의 일반 구성원들도 묻혔어요. 당시 사람들은 일종의 품앗이 형태로 서로 도와 고인돌을 만들었을 거예요.

한반도 남부 지역의 고인돌에서는 돌로 만든 화살촉이나 민무늬 토기, 붉은 간 토기 등이 함께 발견되기도 해요. 간혹 비파형 동검이나 청동 창, 청동 화살촉 같은 값비싼 청동기와 장신구가 발견되기도 하고요. 이를 통해 시간이 흐르면서 한반도 남부 지역에서도 사회적으로 우세한 집단이나 개인이 등장한 것을 알 수 있습니다.

거대한 탁자식 고인돌이 주로 분포하는 중국의 요동 지역이나 한반도 서북 지역에서는 이른 시기에 청동기가 보급되었기 때문에 군장이 일찍 출현했어요. 그러다가 기원전 10세기에서 기원전 6세기 사이 중국 랴오닝성 일대를 중심으로 여러 군장 사회를 통합한 국가가 등장했는데, 이 국가가 바로 '조선'입니다. 이 나라를 후대의 조선과 구별해 고조선이라고 부르지요. 한편, 요동과 한반도 서북 지역에 비해 발전이 늦었던 한반도 남부 지역은 청동기 문화가 고도로 발전하고, 새로운 철기가 보급된 이후에야 비로소 삼한의 여러 나라로 발전했답니다.

2장

고대 국가가
탄생하다

6

비파형 동검이
발견된 지역과
고조선은
무슨 관계일까?

인류가 최초로 도구 재료로 사용한 금속은 무엇이었을까요? 바로 구리랍니다. 그런데 구리는 너무 물러서 도구로 사용하기에 적합하지 않았어요. 구리 대신 널리 쓰인 것이 바로 청동입니다. 청동은 주 원료인 구리에 10~20퍼센트의 주석을 섞어 만든 합금이 에요. 청동은 단단해서 무기나 도구, 장신구로 사용하기에 적합했지요.

 일찍이 문명이 발달한 지역에서는 청동기로 무기와 제사용 도구뿐만 아니라 농기구와 다양한 생활 도구들을 만들었어요. 그런데 요서와 요동, 한반도 지역에서는 청동의 원료인 구리와 주석을 충분히 구하기 어려웠고, 만들기도 쉽지 않아서 청동으로는 주로 무기나 장식품, 제사 도구를 만들어 사용했습니다.

한반도에서 발견되는 대표적인 청동기 유물로 비파형 동검과 거친무늬 청동 거울이 있어요. 비파형 동검은 칼날 모양이 중국 악기인 비파를 닮았다고 해서 붙은 이름이지요. 중국의 랴오닝성(요령성)에서 많이 발견되어서 요령식 동검이라고 부르기도 해요. 칼 몸과 자루를 따로 만들어 조립했지요. 비파형 동검은 한반도에 전래되어 청천강 이북과 충청·전라 지역에서도 발견되고 있어요.

그런데 비파형 동검은 무기일까요? 동검을 잘 살펴보면 앞으로 찌르기 위해서가 아니라 검 끝을 아래로 향하도록 잡고 내리찍는 용도로 만들어진 것을 알 수 있어요. 이 같은 용도에 근거해 비파형 동검은 실제 전투에서 사용한 무기가 아니라 제사를 지낼 때 희생으로 삼은 동물을 죽이는 데 사용했거나 또는 군장의 권위나 위세를 나타내는 의식용 도구로 사용되었다고 봐요.

우리나라 최초의 국가인 고조선은 이런 비파형 동검 문화를 바탕으로 건국되었다고 해요. 그럼 비파형 동검이 발견되는 지역은 모두 고조선의 세력 범위일까요?

비파형 동검이 가장 많이 발견된 곳은 중국의 요서 지역으로, 이에 근거해 중국의 요서 지역도 고조선의 영역이라는 주장도 있습니다. 하지만 요서 지역에서 비파형 동검이 발견된 무덤에 함께 묻힌 여러 청동기 또는 토기가 요동 지역이나 한반도 서북 지역의 무덤에 함께 묻힌 유물과 확실하게 다릅니다. 또한 요서 지역의 생업 경제가 절반은 농사, 절반은 목축에 기초했다는 사실이 확인되면서 요서 지역이 고조선의 영역이었다는 것에 반대하는 의견이 많습니다.

"고조선 영역의
비밀을 풀 열쇠"

일반적으로 고조선의 영역과 관련해 비파형 동검과 탁자식 고인돌, 민무늬 토기인 미송리식 토기 또는 팽이형 토기가 함께 발견되는 지역을 주목합니다. 탁자식 고인돌은 주로 중국의 요동과 한반도 서북 지역에서 발견됩니다. 달걀 모양 몸통 위에 바깥쪽으로 벌어진 높은 아가리가 얹혀 있는 미송리식 토기는 청천강 이북과 중국의 요동 지역에서 발견되고요. 밑바닥이 좁은 팽이형 토기는 주로 한반도 서북 지역에서 나옵니다.

기원전 4세기 이후가 되면서 한반도에 새로운 형식의 동검이 등장했는데, 바로 '세형동검'입니다. 칼날이 비파형 동검보다 길고 가느다란 모양을 하고 있어서 '가늘 세(細)' 자를 붙여 세형동검이라고 부릅니다. 한반도에서 주로 발견되기 때문에 한국식 동검이라고 부르기도 하지요. 세형동검이 널리 사용된 시기에는 철기도 함께 사용되었는데, 철제 무기를 바탕으로 고조선은 주변의 여러 작은 나라를 정복하며 위세를 떨쳤답니다.

고조선은 단군이 세운 우리나라 최초의 국가입니다. 『삼국유사』에 실린 단군 신화에서는 단군왕검이 평양성을 도읍으로 삼아 고조선을 건국했다고 전합니다. 그런데 어떤 학자는 이것을 그대로 믿을 수 없다고 주장하지요. 그럼 단군은 어느 곳을 도읍으로 삼아 고조선을 건국했을까요?

 중국의 역사책에 중국 한의 황제인 무제가 기원전 108년에 고조선을 공격해 멸망시키고, 고조선의 도읍인 왕험성(『삼국유사』에서는 왕검성이라고 부름)에 낙랑군 조선현을 설치했다고 전합니다.

일제 강점기 때 평양 지역에서 낙랑군 유적과 유물이 많이 발견되었어요. 그 가운데 대표적인 것이 진흙으로 만든 도장인 '봉니'입니다. 봉니는 관청에서 나무에 글을 쓴 문서(목간)를 보낼 때 끈으로 묶은 매듭을 진흙으로 봉하고, 그 진흙에 도장을 찍은 것을 말합니다. 평양에서 발견된 봉니에는 조선현 등 낙랑군에 속한 여러 현의 명칭이 새겨져 있었어요.

그러자 당시 일본 학자들은 낙랑군 관련 유적과 유물을 단군 신화의 기록과 연결해 건국에서 멸망 때까지 고조선의 도읍은 평양이었다는 학설을 제기했어요. 이것을 흔히 '평양 중심설'이라고 부릅니다.

한편, 같은 시기에 민족주의 사학자인 신채호는 고조선은 요동 지역에서 건국되었다고 주장했어요. 해방 이후 한때 북한의 역사가들도 신채호의 견해를 받아들여 고조선의 도읍은 건국 때부터 요동 지역이었다는 주장을 폈지요. 이것을 흔히 '요동 중심설'이라고 부릅니다. 그러면 요동 중심설의 근거는 무엇일까요?

중국 역사책 『삼국지』에는 기원전 280년대에 중국 연의 장수 진개가 고조선의 서쪽 지역을 공격해 2,000여 리의 땅을 빼앗았다고 전합니다. 이를 통해 고조선이 요동 지역을 포괄하는 광활한 영토를 차지하고 있었다는 사실을 추론할 수 있지요.

또 일반적으로 고조선은 비파형 동검을 바탕으로 건국해 발전했다고 보고 있어요. 그런데 비파형 동검은 중국의 요서 지역과 요동 지역에서 많이 발견되는 반면, 평양을 중심으로 하는 대동강 유역에서는 잘 발견되지 않아요. 북한의 역사가들은 이를 근거로 고조선은 요동 지역에서 건국되었다고 주장했어요.

그런데 요동 중심설에는 몇 가지 문제점이 있어요. 1990년대 평양에서 낙랑군에 속한 25현의 인구 변동 상황을 기재한 목간이 발견되었어요. 또 중국 역사책에 한과 고조선의 경계가 패수라고 전하는데, 이 패수를 중국 베이징 근처를 흐르는 롼허강이나 요서 지역을 흐르는 다링허강으로 보는 견해도 있지만 설득력이 약하고, 대부분 압록강 또는 청천강을 가리킨다고 봐요. 이런 사실들을 근거로 고조선이 멸망했을 당시 도읍인 왕험성은 평양에 있었다고 보고 있습니다. 북한 역사가들은 1990년대 초반에 평양 근처에서 단군릉을 발굴한 이후, 요동 중심설을 비판하고 평양 중심설을 주장하고 있지요.

그렇다면 고조선은 건국에서 멸망 때까지 내내 평양 지역을 도읍으로 삼았을까요? 그렇다고 하면 비파형 동검 문화가 발달한 지역이 대동강 유역이 아니라 중국의 요동·요서 지역이었다는 사실을 합리적으로 설명하기 힘들어집니다. 또한 기원전 280년 대에 고조선이 많은 영토를 연에게 빼앗겼다는 사실도 설명하기 곤란하지요.

"고조선의 도읍, 풀리지 않는 미스터리"

이처럼 평양 중심설과 요동 중심설이 모두 문제가 있음을 주목해 '중심지 이동설'이 새롭게 제기되었습니다. 이것은 고조선이 요동 지역에서 건국되어 발전하다가 기원전 280년대에 연의 침략을 받아 도읍을 평양의 왕험성으로 옮겼다는 학설입니다. 지금은 중심지 이동설이 널리 지지를 받고 있습니다.

사실 중심지 이동설에도 문제가 없는 것은 아닙니다. 어떤 역사책에도 고조선이 도읍을 옮겼다는 내용이 전하지 않고, 정확히 요동의 어느 지역이 고조선의 도읍이었는지 알 수 없기 때문이에요.

고조선의 도읍지를 명확하게 알 수 있다면 고조선의 건국 연대와 더불어 성장 과정을 보다 명확하게 해명할 수 있을 거예요. 그렇기 때문에 많은 역사가들이 고조선의 도읍이 어디였는가를 밝히는 데 관심을 기울이고 있지요. 앞으로 새로운 연구 방법의 개발과 함께 중국 요동 지방에 대한 고고학 발굴 조사가 활발하게 이루어지면, 고조선의 도읍지에 대한 보다 많은 정보를 얻을 수 있을 것으로 기대됩니다.

우리나라 역사

한사군도
우리 역사로
봐야 할까?

일제 강점기 때 식민 사학자들은 일본의 식민 지배를 정당화하는 이론을 펴면서 단군 신화를 부정하고, 기자 조선과 위만 조선, 한사군을 강조했어요. 그런데 식민 사학자들은 왜 이런 주장을 폈을까요?

 중국의 역사책에 중국 은 사람인 기자가 고조선의 왕이 되었다는 '기자 동래설'과 중국 연 사람인 위만이 고조선의 준왕을 몰아내고 스스로 왕이 되었다는 이야기가 등장합니다. 또 중국 한 무제는 기원전 108년에 고조선을 멸망시키고 옛 고조선 지역을 다스리려고 네 개의 군, 즉 한사군을 설치했다고 하지요.

일제의 식민 통치를 정당화하기 위해 우리 역사를 왜곡된 시각으로 바라보는 식민 사학자들은 우리나라의 역사가 중국 사람인 기자가 세운 고조선부터 시작되었다고 주장했어요. 그 이후 또 다른 중국 사람인 위만이 고조선에 와서 왕위를 차지했고, 고조선의 멸망 이후에는 한사군의 지배를 받았다고 주장했지요. 그러니까 식민 사학자들은 우리나라가 먼 옛날부터 중국의 영향을 받아 타율적으로 발전했기 때문에 일본이 조선을 식민지로 만들어 지배하는 것도 정당하다는 논리를 편 것입니다.

그런데 기자 동래설을 사실로 믿을 수 있을까요? 그렇지 않습니다. 기자가 조선에 왔다는 증거를 찾을 수 없기 때문에 지금은 기자 동래설이 전혀 받아들여지지 않고 있어요. 한 무제가 고조선을 무너뜨리고 한사군을 설치한 이후, 이전에 중국 사람인 기자가 고조선에 와서 왕이 되었다는 이야기를 만들어 퍼뜨려서 고조선 유민들의 반발을 완화시키려고 한 것이라는 주장도 있어요.

또한 위만은 중국 역사책에 연 사람으로 나오지만, 고조선의 의복을 입고 상투를 틀고 고조선에 온 것으로 보아 연에 살던 동이족 일파로 보기도 합니다. 비록 위만이 연 사람이라 하더라도 왕이 된 뒤에도 조선이라는 국호를 계속 사용했고 도읍도 옮기지 않았으므로 위만 조선을 고조선의 역사를 계승한 국가로 보아야지, 중국의 식민지로 보기 어렵습니다.

다만 한 무제가 고조선을 멸망시키고 한사군을 설치한 사실은 부정할 수 없어요. 기원전 108년에 낙랑군과 임둔군, 진번군이 그리고 다음 해에 현도군이 설치되었어요. 한사군이 한반도 북부 지역이 아니라 중국의 요동 지역에 설치된 것이라는 주장도 있지만, 고조선의 마지막 도읍인 왕검성이 평양에 있었기 때문에 한사군이 다스린 지역은 한반도 북부 지역과 만주 지역을 포괄하는 지역으로 볼 수 있지요.

'한'은 고조선의 유민들이 반발하자 기원전 82년에 임둔군과 진번군을 폐지하고 임둔군은 현도군이, 진번군은 낙랑군이 관할하게 했어요. 현도군도 고구려의 저항을 버티지 못하고 얼마 후 중심지를 중국 방면으로 옮겼어요. 3세기 초반에는 중국 사람인 공손씨가 황해도 지역에 대방군을 설치해 다스렸습니다.

그럼 고구려 미천왕이 313년에 낙랑군을, 314년에 대방군을 공격해 병합할 때까지 한사군은 우리 역사에 어떤 영향을 끼쳤을까요? 한에 의해 고조선이 멸망하지 않았다면, 아마도 기원전 108년에서 멀지 않은 때 중앙 집권적인 고대 국가로 발전했을 테니 한사군은 우리 민족의 발전과 통합을 방해하는 역할을 했다고 볼 수 있습니다.

그렇다고 한사군에 대해 마냥 부정적인 평가만 하지는 않습니다. 삼국이 한사군과 맞서 싸우는 과정에서 성립되거나 성장했다고 보기도 하고, 한사군을 통해 중국의 선진 문물이 전해지면서 삼국의 문화가 발전했다고 보기도 하지요.

지금은 대체로 한사군을 우리 역사에서 은폐하거나 축소하려는 경향이 강합니다. 비록 한사군이 자랑스러운 역사는 아니지만, 그렇다고 고의로 한사군의 존재를 부정하거나 지나치게 축소하는 것은 바람직하지 않아요. 한사군의 역사를 올바로 이해하지 않고서는 우리 고대사의 전개 과정을 체계적으로 이해하기 어렵기 때문입니다.

9

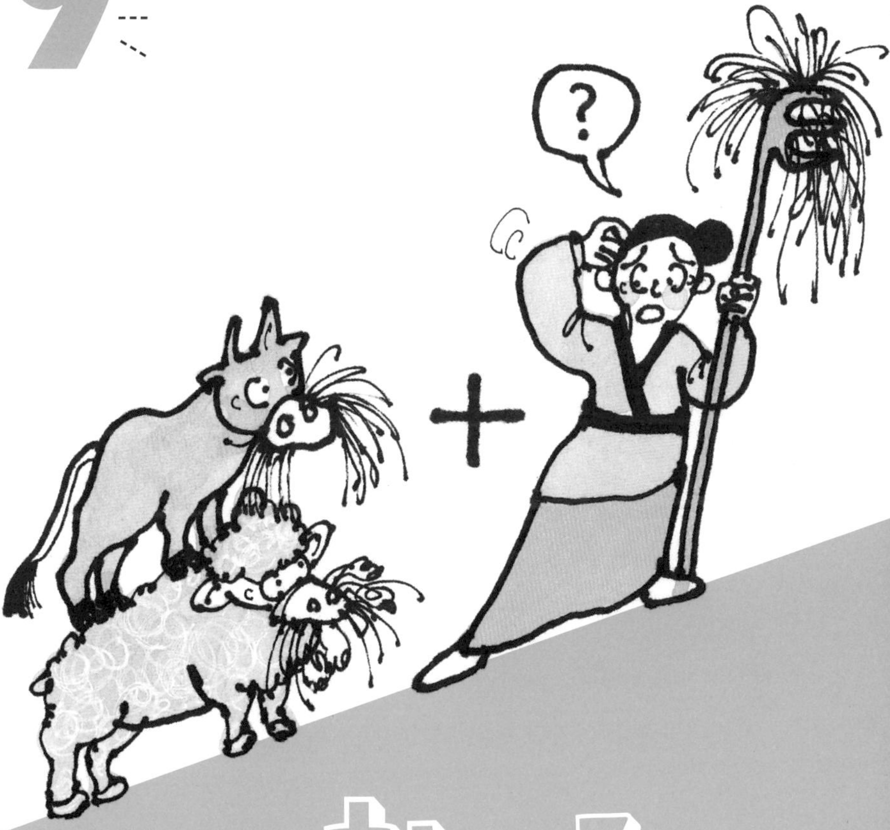

형이 죽으면 형수와 결혼했다고?

중국 역사책인 『삼국지』와 『양서』에 부여와 고구려에서 형이 죽으면 형수를 아내로 삼는 풍속인 '형사취수혼'이 있었다고 전합니다. 고구려에서는 일반 평민뿐만 아니라 국왕도 형수를 왕비로 삼은 사례도 발견됩니다. 그런데 부여나 고구려에 형사취수혼이 왜 생겼을까요?

'형사취수혼'은 본래 흉노나 선비 같은 유목 민족의 혼인 풍습이었어요. 형이 죽은 후에 형수가 다른 사람과 결혼하거나 또는 친정으로 돌아가면 가축을 비롯한 재산 및 가족 구성원이 빠져나가게 됩니다. 이런 일을 막으려고 동생이 형수를 아내로 삼는 풍속이 생겼던 것으로 보고 있지요. 물론 동생이 형의 가족을 보살핀다는 순수한 의도도 있었다고 볼 수 있고요. 거란과 몽골, 여진에도 이런 풍속이 있었다고 전합니다.

우리나라 초기 국가인 부여에서는 마가(말), 우가(소), 저가(돼지), 구가(개)처럼 가축의 이름을 관직명으로 삼을 정도로 가축을 기르는 목축업이 생업 경제에서 차지하는 비중이 높았어요. 이런 이유로 다른 유목 민족처럼 형이 죽으면 동생이 형수를 아내로 삼는 전통이 생긴 것으로 보고 있어요. 마찬가지로 고구려 역시 초기에 생업 경제에서 목축업이 차지는 비중이 높아서 형사취수혼의 전통이 생겼을 거예요. 그런데 3세기 이후 고구려에 유교 이념이 보급되면서 형사취수혼은 점차 사라지게 되었어요. 유교에서

는 동생이 형수를 아내로 삼는 것은 윤리적으로 용납할 수 없는
풍속이었으니까요.

"노동력이 부족해지는 걸 막아야 해"

한편, 고구려에는 형사취수혼 외에 '서옥제'라는 혼인 풍습도
있었어요. 서옥제에 관한 『삼국지』의 기록을 소개하면 다음과 같
습니다.

> 혼인하고자 할 때 말로 미리 정하고, 여자의 집에서 집 뒤편에 따
> 로 작은 집을 지었는데, 그것을 서옥(사위의 집)이라고 부른다. 해
> 가 저물 무렵 신랑이 도착하여 자기의 이름을 밝히고 무릎을 꿇고
> 절을 하며, 아무쪼록 신부와 같이 잘 수 있도록 해 달라고 청한다.
> 이렇게 두세 번 거듭하면 신부의 부모는 그제야 서옥에 가서 자도
> 록 허락하고, 신랑이 가져온 돈과 선물은 서옥 곁에 쌓아 둔다. 아
> 들을 낳아서 크면 남편은 아내를 데리고 자기 집으로 돌아간다.

이처럼 사위가 한동안 처가살이를 하던 혼인 풍습은 왜 생겼
을까요? 첫 번째로 경제적인 이유를 들 수 있어요. 신부가 혼인하
여 시집에 가서 살면, 처가의 노동력이 줄어들게 됩니다. 처가의

노동력이 부족해지는 걸 보충하기 위해 신랑이 일정 기간 동안 처가살이를 하는 풍습이 생긴 것으로 봐요.

두 번째로 심리적인 이유가 있어요. 신부가 아이를 가졌을 때 태교가 아주 중요합니다. 신부가 낯선 시댁에서 시집살이를 하면, 마음이 불안해 태교에 좋지 않은 영향을 미칠 수 있지요. 그런데 혼인 후에도 친정에서 계속 살면 심리적으로 안정되어 태교에 좋은 영향을 미치겠지요. 이처럼 경제적·심리적 이유로 고구려에는 신랑이 일정 기간 동안 처가살이를 하는 혼인 풍습이 생겼어요. 이런 관습은 조선 중기까지 계속 이어졌어요. '장가가다'란 말은 이와 같은 혼인 풍습에서 유래되었지요. 이와 반대로 신부가 신랑집, 즉 시집에 가서 혼인하고 거기에서 평생 동안 사는 제도를 '친영'이라고 하는데, 이는 성리학적 가부장 문화가 널리 보급된 조선 후기에 가서야 비로소 정착된 풍습이랍니다.

한편, 옥저에는 서옥제와 반대되는 혼인 풍습이 있었어요. 신

고대 사회의 장례   고대 사회의 지배층은 현세의 생활을 그대로 누리고자 무덤을 크게 만들고 껴묻거리도 후하게 묻었다. 신분이 높은 사람이 죽었을 때 노비나 가까운 인물을 함께 묻는 '순장'이라는 풍습도 있었는데, 노동력이 중요해지면서 점차 사라졌다. 고구려에서는 남녀가 결혼하면서부터 금이나 은 같은 각종 껴묻거리를 준비해 두었다가 사람이 죽고 장례가 끝나면 무덤에 같이 넣었다. 독특한 장례 풍습으로 옥저의 가족 공동 무덤이 있다. 가족 중 한 사람이 죽으면 다른 곳에 임시로 묻었다가 시간이 흘러 뼈만 남으면 뼈를 추려 가족이 함께 쓰는 큰 나무곽에 다시 매장했다.

부가 열 살이 되면 결혼을 약속한 뒤 여자를 남자 집으로 데려가 기르다가 성인이 되면 다시 처가로 돌려보냅니다. 그러고는 다시 신랑이 처가에 가서 신부 값을 치르고 신부를 집으로 데려왔는데 이것을 '민며느리제'라고 부르지요. 일종의 매매혼이라고 할 수 있는데, 고대의 이런 혼인 풍습들은 모두 상시적인 노동력 부족에 시달리는 여러 사회와 종족에서 널리 행해졌다고 합니다.

3장

네 나라가 서다

10

나라를
세운 사람들은
왜 알에서
태어날까?

주몽과 혁거세, 수로왕, 이 세 사람의 공통점은 무엇일까요? 이들은 모두 나라를 세운 건국자였어요. 주몽은 고구려, 혁거세는 신라, 수로왕은 금관가야를 세웠지요. 이들에게는 또 다른 공통점이 있어요. 모두 알에서 태어났다는 거예요. 고대 사람들은 나라의 시조가 왜 알에서 태어났다고 생각했을까요?

 고대 국가의 건국 신화를 보면 대부분 시조가 하늘의 자손이라고 전합니다. 고조선을 건국한 단군왕검의 할아버지는 하늘 임금인 환인이고, 고구려의 건국 시조인 주몽은 하늘 임금인 천제(天帝)의 아들이거나, 천제의 아들인 해모수의 아들이라고 전합니다. 혁거세는 불구내(弗矩內)라고도 불렀는데, '햇빛으로 세상을 다스린다'는 뜻이에요. 신라 사람들이 혁거세를 천신, 즉 하늘의 자손이라고 여겨 이렇게 불렀어요. 가야의 건국 신화에서도 수로왕이 스스로 하느님의 명령을 받고 가야 지역에 내려왔다고 말했다는 내용이 전해요. 금관가야 사람들도 수로왕을 하늘의 자손으로 숭배했음을 알 수 있지요.

이처럼 시조가 하늘에서 내려와 나라를 건국했다는 소재로 이루어진 건국 신화를 흔히 '천손 강림 신화'라고 부릅니다. 천손 강림 신화를 신화학적으로 해석하면 다른 지역에서 이주해 온 사람들이 원래 거주하던 주민들을 정복하고, 자신들을 하늘에서 내려온 천신족이라고 부른 것에서 유래했다고 해요. 그러니까 단군

신화에 등장하는 환웅은 이주민 세력이라는 것이지요. 주몽도 부여에서 졸본 지역(지금의 중국 랴오닝성 환런현)으로 이주해 고구려를 세웠고, 혁거세와 수로왕 역시 지금의 경주와 김해 지역으로 이주한 고조선 유민으로 보고 있어요.

그러면 고대 국가의 건국 신화에서 왜 건국 시조를 하늘의 자손이라고 강조했을까요? 고대 사회에서 주요 산업은 농업이었어요. 가뭄이나 홍수로 인해 흉년이 들면 사람들은 굶어 죽을 수밖에 없었지요. 과학이 발달하지 않은 당시, 사람들은 하늘에 있는 천신, 즉 하느님이 자연 현상을 관장한다고 믿었어요. 따라서 하느님을 잘 섬기면 땅 위에 비를 적당하게 내려 주어 풍년이 든다고 믿었던 거예요. 이주민 계통의 후손이었던 고대 국가의 왕들은 스스로를 자연 현상을 관장하는 하느님의 자손이라고 주장하며 현실 세계에서 신성한 존재로 숭배를 받았어요. 다시 말해 보통 사람과는 다른 특별한 존재임을 강조하며 지배를 정당화한 것이지요.

한편, 부여의 시조인 동명과 고구려의 시조인 주몽, 신라의 시조인 혁거세와 가야의 시조인 수로왕은 모두 알에서 태어났어요. 고구려 사람들은 나중에 주몽을 동명성왕이라고 불렀는데, 부여의 시조인 동명의 이름을 딴 거예요. 이처럼 시조가 알에서 태어났다는 내용을 소재로 한 신화를 '난생 신화'라고 부릅니다.

"하늘을 나는 새는
태양과 같은 존재"

난생 신화는 우리나라뿐만 아니라 동북아시아에서 두루 발견되어요. 알의 형태로 태어나는 동물에는 조류와 파충류, 양서류, 어류가 있는데 이 가운데 하늘에서 내려오는 것은 새뿐입니다. 그래서 알은 바로 새의 알이란 뜻과 통하지요.

당시 사람들은 하늘을 날아다니는 새가 하늘과 깊은 관계를 가졌다고 생각했고, 이런 생각이 마침내 새를 하늘과 동일하게 여기는 데까지 나아갔어요. 고구려 고분 벽화에는 다리가 세 개 달린 까마귀, 즉 삼족오가 등장합니다. 삼족오는 태양을 상징하는 것으로, 고구려 사람들이 새를 태양과 동일하게 여긴 것을 알 수 있어요.

따라서 하늘의 자손이 태어나는 모습도 자연히 새의 알에서 태어나는 모습이었다고 생각했고, 건국 신화에서 시조들이 알에서 태어났다고 한 이유도 바로 여기에서 유래한 것입니다. 따라서 난생 신화 역시 천손 강림 신화와 마찬가지로 고대 사회의 지배자들이 백성들을 지배하는 정당성을 뒷받침해 주는 데 중요한 역할을 했답니다.

백제의 건국 신화가 두 가지로 전하는 이유는?

『삼국사기』에는 두 종류의 백제 건국 신화가 전하고 있어요. 하나는 온조가 백제를 건국했다는 것이고, 다른 하나는 비류가 백제를 건국했다는 것입니다. 백제의 건국 신화가 두 가지로 전하는 이유는 무엇 때문일까요?

 온조를 주인공으로 하는 건국 신화(이하 온조 신화)를 보면 온조와 비류는 부여에서 온 주몽이 졸본부여 왕의 둘째 딸과 혼인하여 낳은 아들이라고 전합니다. 온조 신화에 따르면 두 형제는 유리왕이 주몽에 이어 고구려 2대 왕의 자리에 오르자, 자신들을 따르는 무리를 이끌고 남쪽으로 와서 온조는 한강 유역의 위례성에 정착하고, 비류는 미추홀(인천)에 정착하지요. 그러다가 비류가 자살하면서 비류 집단이 온조 집단에 합류했다고 전합니다.

한편, 비류를 주인공으로 하는 건국 신화(이하 비류 신화)에서는 소서노가 북부여의 왕 해부루의 후손인 우태와 혼인해 비류와 온조를 낳았다고 전해요. 우태가 죽은 뒤 소서노는 주몽과 재혼해 고구려를 세우는 데 큰 도움을 주었다고 나옵니다. 주몽은 비류와 온조를 친자식처럼 대했다고 해요. 비류 신화에서는 유리왕이 왕위에 오르자, 두 형제는 어머니 소서노와 무리를 이끌고 미추홀에 이르러 살았다고 전하고 있어요. 소서노는 고구려의 건국뿐만 아니라 백제의 건국에도 기여를 한 것으로 나옵니다.

비류 신화에는 비류 집단이 온조 집단에 합류했다는 내용이 나오지 않아요. 역사가들은 이에 근거하여 온조 신화는 비류 신화를 바탕으로 만들어진 것으로 봐요. 비류 신화가 먼저 만들어지고, 온조 신화가 후대에 만들어졌다는 사실을 통해 백제 사람들이 처음에는 비류를 백제의 시조로 인식했다가 나중에 온조를 백제의 시조로 인식했음을 추론할 수 있어요.

주몽은 부여에서 졸본으로 왔고, 온조와 비류는 고구려에서 남쪽으로 이주했어요. 비류와 온조가 거느린 무리 가운데 부여 사람들도 섞여 있었을 것입니다. 따라서 비류와 온조 무리를 부여와 고구려 계통 유민이라고 규정할 수 있어요.

비류 신화와 온조 신화 모두 비류와 온조를 형제라고 전하지만, 실제로 두 사람이 형제 사이였다고 믿기 어려워요. 부여와 고구려계 유민인 비류 집단과 온조 집단이 연합해 백제를 세웠고, 초기에는 미추홀에 정착한 비류 집단이 왕위를 계승하다가 후에 한강 유역의 위례성에 정착한 온조 집단이 왕위를 빼앗은 사실을 신화에서는 비류를 형으로, 온조를 아우로 표현했다고 봅니다.

"역사에서 지워진 비류 신화"

그러면 언제 온조 집단이 백제의 왕위를 차지했을까요? 이에 대해 역사가들마다 견해가 엇갈리고 있어요. 지금은 어느 견해가 옳다고 딱 잘라 말하기 어렵고 13대 근초고왕부터 온조계가 독점적으로 왕위를 계승했다는 사실만은 확실합니다. 근초고왕 때 편찬한 역사책인 『서기』에는 온조가 백제의 시조라고 나오고,『삼국사기』는 『서기』에 전하는 내용을 기초로 해서 건국 신화를 소개한 것이니까요. 오늘날 백제의 시조가 온조라고 널리 알려지게 된 것은 바로 『삼국사기』에서 공식적으로 비류가 아니라 온조를 백제의 시조라고 기록했기 때문입니다.

비류 신화는 백제 사람들이 온조를 시조로 인식하면서 한동안 잊혔다가 『삼국사기』를 편찬할 때 또 다른 백제의 건국 신화로 추가로 소개하면서 후대에 전해졌어요. 비록 내용은 아주 간략하게 기술되어 있지만요. 본래 비류 신화에는 소서노가 고구려의 건국에 어떤 도움을 주었는지에 대한 구체적인 내용뿐만 아니라, 비류와 온조를 다독여서 백제를 건국하기까지 핵심적인 역할을 했다는 내용이 전하고 있을 것으로 추정됩니다. 만약에 비류가 백제를 건국하는 과정을 기록한 본래의 비류 신화가 제대로 전해졌더라면 소서노라는 여자 영웅에 관한 많은 정보를 알 수 있을 텐데, 자못 아쉬움이 남습니다.

12

왕의 성이
바뀌어도 계속
신라였다고?

고려 왕의 성은 '왕(王)'이었고, 조선 왕의 성은 '이(李)'였어요. 왕조가 바뀌면 왕의 성이 바뀌기 때문에 왕조 교체를 역성혁명(易姓革命)이라고 부르기도 해요. 그런데 신라는 왕의 성이 박(朴)씨에서 석(昔)씨로, 석씨에서 김(金)씨로 바뀌었는데도 왕조가 그대로 유지된 특이한 사례입니다. 왕의 성이 바뀌어도 어떻게 신라 왕조는 계속 유지되었을까요?

 **신라의 건국** 시조 혁거세는 박씨입니다. 신라의 건국 신화에 따르면, 고조선의 유민들이 서라벌(지금의 경주)에 정착해 여섯 촌에 나누어 살다가 기원전 57년에 하늘에서 내려온 알에서 태어난 혁거세를 왕으로 추대해 신라를 건국했다고 나옵니다. 혁거세가 태어난 알이 마치 조롱박처럼 생겼다고 해서 성을 박(朴)으로 삼았다고 해요.

석(昔)씨의 시조는 탈해로, 다파나국의 왕비가 낳은 알에서 태어났어요. 장성한 탈해는 신라의 2대 왕인 남해왕의 사위가 되었는데, 남해왕은 아들 유리와 사위 탈해에게 '너희 가운데 나이가 많은 사람이 왕위를 잇도록 하라'라는 유언을 남기고 세상을 떠났어요. 두 사람이 떡을 깨물어 잇자국을 비교해 보고, 이가 더 많은 유리가 3대 왕으로 즉위했고, 탈해는 유리의 뒤를 이어 4대 왕으로 즉위했습니다. 당시에는 이가 많으면 나이가 많다고 생각했어요. 잇자국을 비교해 왕위를 결정해서 잇금, 즉 이사금(尼師今)을 왕호로 삼았답니다.

유리와 탈해의 사례는 나이가 많은 사람, 즉 연장자가 왕위를 계승하던 전통을 반영한 것으로 보입니다. 물론 그렇다고 아무나 왕위에 오를 수는 없었을 거예요. 유리는 남해왕의 맏아들이고 탈해는 사위인 걸로 보아 왕의 핏줄을 이어받은 왕자나, 공주와 결혼한 사위 가운데 나이 많은 사람이 왕위를 계승한 전통을 반영했다고 볼 수 있지요. 추측컨대 나라의 안정을 위해서는 지식과 경험이 풍부한 연장자가 나라를 다스릴 필요가 있었기 때문에 이 같은 전통이 생겼을 거예요.

"성씨는 달라도 모두 왕족이야"

최초로 왕위에 오른 김씨는 13대 왕인 미추왕입니다. 12대 첨해왕이 아들 없이 사망하자 신라 사람들은 첨해왕의 조카사위인 미추를 왕위에 추대했어요. 김씨의 시조는 알지로, 알지와 그 후손들은 한동안 왕위에 오르지 못하다가 처음으로 미추가 왕위에 올랐습니다. 첨해왕은 형인 조분왕의 뒤를 이어 왕위에 올랐어요. 그런데 첨해왕이 아들 없이 죽자 조분왕의 아들인 유례와 사위인 미추 가운데 연장자인 미추를 왕으로 추대한 것입니다.

신라 말기에는 김씨인 52대 효공왕의 뒤를 이어 박씨인 신덕왕이 왕위에 올랐어요. 신덕왕의 뒤를 이어 맏아들과 둘째 아들이 각각 경명왕과 경애왕으로 즉위했고요. 신덕왕은 49대 왕인 헌강왕의 사위였어요. 효공왕이 아들 없이 사망하자, 나라 사람들이 헌강왕의 사위이자 효공왕의 처남인 신덕왕을 왕위에 추대한 것이지요.

박씨에서 석씨로, 석씨에서 김씨로, 또 뒤에 다시 김씨에서 박씨로 왕위가 교체될 때 성씨 집단 사이에 알력과 갈등은 있었지만 왕조 자체를 부정하는 사례는 발견되지 않아요. 이런 사실로 보아 신라 사람들은 다른 성씨로의 왕위 교체를 부계와 모계 또는 친가 및 처가와 연결된 왕족 내부 왕위 계승의 범주를 벗어나지 않은 것으로 인식한 사실을 알 수 있답니다.

금관가야가 '쇠' 나라였다고?

옛날 경남 김해에 있던 나라 이름은 무엇일까요? 의외로 제대로 정답을 말하는 사람이 적을 거예요. 김해에 있던 나라 이름이 기록에 따라 다르게 전하기 때문이지요. 중국 역사책 『삼국지』에는 구야국, 『삼국사기』에는 금관국, 『삼국유사』에는 가락국 또는 금관가야라고 전하고, 일본 역사책 『일본서기』에는 남가야, 소나라, 수나라라고 전합니다.

 김해에 있던 나라의 여러 이름 가운데 소나라와 수나라는 '쇠 나라'를 가리킨다고 봅니다. 아마 쇠가 많이 나서 이렇게 불렀을 거예요. 금관국이란 이름 역시 '쇠를 관장하던 나라'란 뜻으로 풀이할 수 있지요. 실제로 구야국에서 우수한 철(쇠)이 생산되었음을 알려 주는 기록이 전합니다.

나라에 철이 생산되는데, 예·왜·한 등에서 모두 와서 사 갔다. 사고팔 때에 모두 철을 사용했으니, 마치 중국에서 돈을 사용하는 것과 같았다. 또한 철을 낙랑군과 대방군에 공급했다.

여기서 '나라'는 김해에 있었던 구야국을 가리켜요. 240년대에 구야국에서 우수한 철이 많이 생산되어 동예와 왜, 마한 및 진한 사람들이 김해까지 와서 철을 사 갔고, 중국 군현인 낙랑군과 대방군에도 철을 공급했다는 것을 알려 주지요. 이 때문에 구야국은 이후에 금관국, 쇠나라라고 불렸어요.

구야국은 낙랑군과 대방군에 철을 공급하는 한편, 그 대가로 받은 중국의 물품을 왜에 팔아 막대한 이익을 챙겼는데, 이러한 교역 행위를 '중계 무역'이라고 해요. 구야국은 우수한 철과 중계 무역을 통해 변한을 대표하는 나라로 발전했고, 후에 가야 연맹체를 이끄는 맹주국이 되었답니다.

그러면 철로 무엇을 만들었을까요? 철기가 전래되기 전에 사용하던 청동은 귀해서 나무와 돌로 만든 농기구로 농사를 지었지요. 그러다가 철기가 전해지면서 철로 따비와 괭이, 낫 같은 농기구를 만들어 사용하기 시작했어요. 철제 농기구는 잘 닳지 않을 뿐만 아니라 힘을 잘 받아 땅을 깊이 파거나 갈 때 아주 효과적이었고, 그 덕분에 더 많은 곡물을 수확할 수 있었지요.

철기가 일찍 보급된 부여와 고구려에서는 철제 농기구로 농사를 지어 부자가 된 사람들이 나타났어요. 부여에서는 이런 사람들을 '부유한 민'이라는 뜻인 '호민'이라고 불렀어요. 고구려에서는 부유해서 손수 농사를 짓지 않고 먹고사는 사람을 뜻하는 '좌식자'가 1만여 명에 이르렀지요. 철기가 늦게 전해진 한반도 중·남부 지역에는 이런 계층의 사람이 상대적으로 적었어요.

철로 농기구만 만든 건 아니었어요. 기원전 1세기부터는 쇳덩어리를 쇠망치로 두들겨 단단하고 탄력이 좋은 강철을 만들었는데, 이런 강철로 칼이나 창 같은 무기를 만들면서 청동이나 돌로 만든 무기는 점차 사라졌습니다.

"철이 많으면 나라의 힘이 세"

철로 농기구와 무기를 만들기 시작하면서 3세기 중반부터는 철의 수요가 크게 늘었어요. 구야국은 우수한 철을 여러 나라에 수출하면서 나라의 힘을 키울 수 있었어요. 철의 수요가 많아지면서 시장에서 물건을 사고팔 때 철을 화폐처럼 사용했는데, 화폐처럼 유통된 납작도끼와 덩이쇠가 신라와 가야, 백제의 무덤에서 많이 발견되었어요.

덩이쇠는 4세기까지 화폐처럼 널리 유통되었어요. 그러다가 5세기 이후 제철 기술이 발달하고 철기가 널리 보급되면서 시장에서 덩이쇠가 거래되는 일은 크게 줄어들고, 대신 금과 은, 구리 같은 귀금속이 교환 수단으로 널리 사용되었어요. 소액 거래의 교환 수단으로는 곡식이나 옷을 만드는 재료인 베(布)가 사용되었지요. 그럼에도 삼국 시대에는 전쟁과 농사에서 철제 무기와 농기구가 아주 중요했기 때문에 철을 생산하는 장인들은 국가로부터 관등을 받는 등 사회적으로 좋은 대우를 받았답니다.

14

'왕이 곧 부처다'

이차돈의 목에서 정말 흰 젖이 흘렀을까?

'이차돈의 목을 베니 목 가운데서 흰 젖이 한 길이나 솟구쳤고, 하늘에서 꽃비가 내리고 땅이 흔들렸다.' 이것은 신라 사람 이차돈의 순교 장면을 묘사한 '이차돈 순교비'에 전하는 기록입니다. 그런데 정말로 이차돈이 죽을 때 종교적인 기적이 일어났을까요?

 5세기 전반, 고구려에서 온 묵호자가 신라에 불교를 전했다고 해요. 그런데 당시 신라 귀족들은 무교(샤머니즘)와 천신 신앙을 갖고 있던 데다 불교를 믿는 것을 오랑캐의 신을 믿는 것으로 생각했기 때문에 불교의 공인에 반대했어요.

불교에서는 윤회전생설을 강조하는데, 이것의 핵심은 지금 세상에서 신분이 아무리 높아도 나쁜 짓을 일삼으면 죽은 뒤에 지옥으로 떨어져 고통을 받고, 신분이 아무리 천해도 착한 일을 하면 복을 받아 극락왕생한다는 내용이지요. 불교가 들어오기 이전 신라에서는 현세의 신분이나 지위가 내세에도 계속된다는 '계세적 내세관'이 널리 받아들여졌어요. 그러니 귀족들은 현세의 부귀영화가 죽은 뒤 다시 태어나는 내세에서 계속 이어지지 않는다고 하는 불교의 윤회전생설에 대해 거부감이 강했던 것이지요.

반면 신라 왕실에서는 불교를 공인하려고 노력했어요. 불교가 왕의 권위를 높이는 데 기여하는 면이 있기 때문이었지요. 신라는 530년대까지도 자체 영역을 갖고 주민을 독자적으로 다스리던 6부 대표와 지배층의 합의에 기초해 국정을 운영했어요. 국왕은 6부 가운데 가장 힘이 센 부의 대표에 불과했지요.

게다가 당시에는 왕뿐만 아니라 각 부의 대표도 하늘(천신)의 자손이라고 인식했어요. 불교에서는 천신도 사람과 마찬가지로 윤회의 굴레를 벗어나지 못한 존재인 반면, 깨달음을 얻은 부처는 윤회의 굴레에서 벗어난 절대적인 존재로 묘사해요. 삼국에 불교가 전래되던 시기 중국에서는 '왕이 곧 부처다'라는 불교의 '왕즉불 사상'이 황제의 권력을 강화하는 데 크게 기여했어요. 왕즉불 사상을 수용해 국왕이 절대적 존재인 부처로 여겨진다면 논리적으로 천신의 후예인 6부의 대표나 지배층을 초월하는 위상을 지닐 수 있게 되지요. 이러한 이유로 신라 왕실에서 불교를 공인하기 위해 노력한 것이랍니다.

"이차돈의 죽음 뒤 신라에서 불교를 받아들여"

514년에 즉위한 신라 23대 법흥왕이 불교를 널리 보급하려고 하자 각 부 대표와 지배층의 반대가 무척 심했어요. 마침 국왕의 측근인 이차돈이 법흥왕의 뜻을 알고, 자신의 희생을 통해 국왕의 뜻을 이루고자 했지요. 527년에 이차돈은 왕의 명령이라며 천경림에 절을 짓다가, 왕명을 사칭한 사실이 발각되어 참수되었어요. 그런데 이차돈의 목이 잘릴 때 목 가운데서 흰 젖이 솟아나

고, 하늘에서 꽃비가 내리는 기적이 일어났다고 전합니다.

사실 이차돈이 죽을 때 이런 기적이 일어나지는 않았을 거예요. 『부법장인연전』이나 『현우경』 같은 불교 경전에 전하는 '잘린 목 한가운데서 흰 젖이 솟아올랐다'는 이야기로 이차돈의 죽음을 미화한 것으로 보여요. 이차돈의 처형을 계기로 각 부의 대표와 지배층이 국왕이 불교를 신봉하는 것에 대해 강력하게 반대하지 않았을 뿐만 아니라 그들도 점차 불교를 믿기 시작한 것으로 추정됩니다. 후대에 이차돈의 죽음을 불교를 공인하는 계기로 인식하고, 이차돈을 처형할 때 기적이 일어났다고 한 것을 보면요.

530년대에 이르러 법흥왕은 불교를 적극 이용해 왕권을 한층 더 강화했고, 강력한 왕권을 바탕으로 각 부의 독자성을 부정하며 중앙 집권적인 국가 체제를 정비해 나갔습니다. 법흥왕의 뒤를 이은 진흥왕은 이 같은 국가 체제를 기반으로 영토를 크게 확장했고, 스스로 불법(佛法)으로 세상을 다스리는 국왕이라고 자처하기도 했지요.

불교의 공인 이후 불교적 내세관이 널리 수용되면서 거대한 무덤에 막대한 귀중품을 집어넣는 관습이 사라졌어요. 내세에 복을 받기 위해 사람들의 삶의 태도도 많이 변했고요. 그래서 이차돈의 희생은 신라 사회의 발전에 기여했다고 평가한답니다.

15

범으로
옷 입는 것까지
정했다고?

오늘날 죄를 지으면 법률에 의해 처벌을 받습니다. 법률은 국회의 의결을 거쳐 대통령이 서명하고 공포하여 성립하는 국법을 가리키지요. 그러면 시간을 거슬러 올라가 고대 사회에서는 죄를 지으면 무엇을 근거로 처벌했을까요? 바로 율령이랍니다.

 율령은 죄와 벌을 규정한 오늘날 형법에 해당하는 법률과, 사회와 국가를 운영하기 위한 각종 제도 등을 규정한 행정 법규를 이릅니다. 고구려에서는 소수림왕 때인 373년에 율령을 제정해 반포했고, 신라에서는 법흥왕 때인 520년에 율령을 반포했어요. 백제에서는 언제 율령을 반포했는지 정확하게 알 수 없지만, 보통 4세기 후반 근초고왕 때 또는 5세기 후반 개로왕 때 중앙 집권적인 국가 체제를 갖추면서 율령을 반포했을 것으로 추정합니다.

그러면 삼국은 율령을 어떻게 제정했을까요? 장수왕 때인 414년에 세운 고구려 광개토 대왕릉비에는 '부유한 자라도 함부로 무덤을 지키는 사람을 사지 마라. 만약에 명령을 어긴 자가 있으면 판 사람에게는 형벌을 가하고, 산 사람은 강제로 무덤을 지키게 하라'는 광개토 대왕의 명령이 새겨져 있어요. 왕의 무덤을 지키는 사람이 부유한 사람에게 팔려 그 수가 줄어드는 것을 막으려고 이런 명령을 내린 것이지요. 이후 국왕의 명령을 어긴 사람을 처벌하는 법률을 만들었어요. 이를 통해 삼국 시대에는 대체로 국왕의 명령을 기초로 법률을 제정했음을 알 수 있습니다.

삼국에서 만든 법률들은 중국 역사책과 지금까지 남아 있는 비문을 통해 전해지고 있어요. 고구려에는 반란을 꾀한 자는 많은 사람을 불러 모아 횃불로 지져서 온몸을 짓무르게 한 뒤에 목을 벤다는 법률이 있었어요. 물건을 훔친 자는 12배를 물어 주게 하고, 소와 말을 죽인 자는 노비로 삼는다는 법률도 있었지요. 백제에는 뇌물을 받거나 도적질한 사람은 그 세 배를 배상하고 평생 벼슬길에 나가지 못하게 한 법률이 있었답니다.

524년 법흥왕 때 세운 울진 봉평리 신라비에는 노인에 관한 여러 가지 사항을 규정한 노인법과 지방의 지배자들이 잘못을 저질러 법률에 따라 곤장 100대와 60대로 처벌했다는 내용이 나옵니다. '노인(奴人)'은 신라의 백성으로 새롭게 편입된 변방의 주민을 가리키는 말로, 원래 신라 백성과 차별 대우를 받았어요.

"머리에 쓰는 관의 색까지 율령으로 정해"

삼국에서 제정한 행정 법규 가운데 관리가 입는 옷과 머리에 쓴 관에 관한 규정이 남아 있어요. 신라에서는 고급 관리는 자색(자주색), 중간 관리는 비색(진분홍), 하급 관리는 청색, 가장 낮은 관리는 황색의 옷을 입으라고 규정했어요. 백제에서는 고급 관리는 자색의 옷을 입고 은꽃 모양의 관 꾸미개로 관을 장식하며, 중간 관리는 비색, 하급 관리는 청색의 옷을 입는다고 규정했지요. 한편, 고구려에서는 국왕은 흰색 비단으로 만든 백라관을 쓰고, 대신들은 푸른 비단으로 만든 청라관을, 그다음은 붉은색 비단으로 만든 강라관을 착용하는 규정을 만들었어요.

삼국은 자체적으로 제정한 법률과 행정 법규를 기초로 하고 중국의 율령을 참조해 율령제를 실시했어요. 그리고 시대의 변화에 따라 율령을 개정해 나갔습니다. 지금까지 전하는 삼국의 율령은 많지 않지만 이를 통해 중국 왕조와 마찬가지로 삼국과 통일 신라의 통치 체제 역시 율령에 기초해 운영되었다는 것을 알 수 있답니다.

16

화백 회의가
민주적인
제도라고?

신라에서는 고위 관리들이 모여 국가의 중요한 일을 의논하고 결정했어요. 신라 사람들은 이러한 회의체를 '화백 회의'라고 불렀지요. 화백 회의는 참석한 관리 모두가 찬성해서 결정을 내리는 만장일치제로 운영되었어요. 그러면 화백 회의는 오늘날과 같은 민주적인 제도라고 볼 수 있을까요?

『삼국유사』에 따르면 신라에서는 경주 남산에 위치한 우지암을 비롯, 네 곳의 신령스러운 장소에 대신들이 모여 국가의 중요한 일을 의논하면, 그 일이 이루어졌다고 전해요. 또한 중국 역사책 『수서』 신라전에 따르면 '국가에 큰일이 있으면 여러 관리가 모여서 자세하게 의논한 다음에 결정했다'고 전하고, 『신당서』 신라전에서는 '국가에 큰일이 있으면 반드시 여러 사람이 함께 의논했는데 이를 화백(和白)이라고 부르며, 한 사람의 반대가 있어도 결정할 수 없었다'고 나옵니다. 이런 사료들을 통해 신라에서는 고위 관리들이 모여 국가의 중요한 일을 결정했다는 것을 알 수 있어요.

화백 회의의 구성원은 시기에 따라 달라졌습니다. 법흥왕 때인 530년대 이전에는 양부(梁部)의 대표인 왕과 다른 5부의 대표 또는 지배층이 모여 국가의 중요한 일을 의논해서 결정했어요.

그러다가 530년대에 이르러 6부의 독자성을 부정하고, 각 부의 대표와 지배층을 왕의 신료로 편제하면서 중앙 집권적 국가 체제로 정비했어요. 이때에는 고위 관리들이 모여서 국가의 중요한 일을 결정했는데, 회의에 참여한 구성원을 '대등'이라고 불렀어요. 대등 가운데 으뜸인 '상대등'이 회의를 주재했지요. 상대등이 화백 회의에서 의논하여 결정한 사항을 국왕에게 보고하면, 국왕은 이를 받아들여 국가의 정책으로 공표했습니다. 당시에 국왕의 재가를 받은 결정 사항은 대등들이 집행했지요.

진덕 여왕 때에는 집사부를 비롯한 중앙 행정 관서를 정비했어요. 대표적인 행정 관서에는 군사 업무를 맡은 병부, 조세 수취와 재정 업무를 맡은 조부와 창부, 국가의 외교와 의례를 맡은 예부 등이 있었어요. 이때부터는 화백 회의에서 결정된 사항을 국왕에게 보고하면 왕은 결정 사항을 왕의 명령을 집행하는 집사부에 전달하고, 집사부의 장관인 중시가 각 행정 관서에 분담해 화백 회의에서 결정된 내용을 집행하도록 했습니다.

"지배층만 참석하는 회의는 한계가 있어"

화백 회의의 구성원들은 국가의 고위 관리들이었기 때문에 그들이 결정한 사항을 국왕이 쉽게 거부하지 못했어요. 특별한 사유가 없다면, 국왕이 화백 회의의 결정 사항을 대체로 받아들이는 것이 관례였지요. 이 같은 측면을 주목해 보면 화백 회의는 고위 관리들이 국왕의 일방적인 권력 행사를 견제하는 기능을 수행했다고 볼 수 있어요. 오늘날의 관점에서 보면 화백 회의는 행정부 수반인 대통령이 독단적으로 권력을 행사할 수 없도록 견제하는 기능을 갖는 국회에 견줄 수 있습니다. 한편으로는 이 회의에서 국가의 중요한 일을 의논하고 결정했기 때문에 오늘날 국무 회의와도 견줄 수 있지요. 따라서 화백 회의는 왕조 국가에서 국왕이 독단적으로 정책을 결정하면서 생길 수 있는 부작용을 효과적으로 방지하는 기능을 수행한 것입니다.

또한 오늘날 민주주의 사회에서 행정부와 입법부의 상호 견제와 균형을 중시하는 전통과 화백 회의를 연결할 수 있습니다. 또한 만장일치제로 운영되어 다양한 의견을 적절하게 수렴하는 원칙을 준수한 제도였다고도 볼 수 있고요. 화백 회의는 우리나라 역사에서 민주주의의 기본 원리가 구현된 사례로 들 수 있습니다.

그러나 법 앞에 평등한 권리를 지닌 시민의 요구와 의사를 대변하는 오늘날의 국회와 달리 화백 회의는 6부의 지배층 또는 진골들의 이해와 요구를 대변했다는 측면에서 근대 이후 성립된 진정한 의미의 민주주의 제도와 차별됩니다.

17

고구려

가야

신라

백제

삼국 시대가
아니라
사국 시대?

일반적으로 삼국의 건국부터 신라가 나·당 전쟁에서 승리하고 삼국을 통일한 676년까지를 삼국 시대, 그 후를 통일 신라 시대 또는 남북국 시대라고 불러요. 그런데 가야의 건국부터 562년 대가야가 신라에 병합되기 전까지는 네 나라가 있었는데 왜 사국 시대가 아니라 삼국 시대라고 부를까요?

 어떤 역사가는 삼국의 건국부터 660년대까지를 삼국 시대라고 부르는 것은 문제가 있다고 비판하면서 이 시기를 사국 시대라 부르자고 제안했어요. 가야의 건국부터 562년 내가야의 멸망 때까지 네 나라가 지속되었기 때문입니다. 또한 가야의 최대 영역이 낙동강 서쪽의 영남 지역과 섬진강 상류의 호남 지역을 모두 포함하고, 한때 낙동강 동쪽의 경남 창녕, 밀양, 부산 등도 가야의 영역이었다는 사실을 강조했지요.

그런데 대가야가 멸망한 562년부터 백제가 멸망한 660년까지를 사국 시대라고 부를 수 있을까요? 그러면 삼국 및 가야의 건국 시점부터 562년까지는 사국 시대로, 562년부터 660년(백제 멸망) 또는 668년(고구려 멸망)까지는 삼국 시대로 불러야 할까요?

먼저 562년까지를 사국 시대라고 주장하기 위해서는 대가야의 멸망이 우리 고대사의 흐름에서 획기적인 역사적 사건이었다고 보아야 해요. 과연 그러했을까요?

『삼국사기』에는 신라의 지배를 받던 음즙벌국(경북 경주 안강

읍 부근)과 실직곡국(강원도 삼척) 사이에 영토 분쟁이 발생하자, 신라의 파사왕이 금관국왕인 수로를 초청해 분쟁을 해결했다는 일화가 전해요. 또 『삼국유사』에는 탈해가 가락국(금관가야)에서 수로왕과 다툼을 벌이다가 져서 신라로 도망갔다는 설화도 전하지요. 이들 사례는 3세기 중반 무렵에는 가야가 신라보다 국력이 더 강했음을 알려 줍니다.

"연맹체인 가야는 힘이 약해"

하지만 가야 연맹체를 이끌던 금관가야는 400년에 고구려 군대가 신라 변방을 침략한 왜군을 무찌르고 김해까지 진출하면서 국력이 크게 약화되었고, 532년에 끝내 신라에 병합되었습니다. 5세기에 들어서면서 크게 성장한 고령의 대가야가 가야 연맹체를 이끌었어요. 특히 대가야는 5세기 후반에서 6세기 초반까지 신라와 백제가 고구려의 남진에 집중하는 틈을 타서 크게 팽창했지요. 그러나 6세기 전반에 고구려의 남진이 둔화되고 신라와 백제가 가야 지역으로 진출하면서 세력이 크게 위축되었어요. 540년대 이후에는 백제의 속국으로 겨우 명맥만을 유지하다가 562년에 신라에 병합되고 말았지요.

금관가야는 3세기 중반에서 후반 사이에, 대가야는 5세기 후반에서 6세기 초반 사이에 세력이 강했고 한반도 정세에 능동적으로 참여했지만 그 시기는 100여 년도 되지 않아요. 게다가 562년 대가야의 멸망이 한반도의 정세를 변화시킨 획기적인 계기였다고 볼 수 있는 증거도 부족한 상황에서 사국 시대라고 부르는 것은 설득력이 약합니다.

더구나 가야는 멸망할 때까지 여러 나라가 각기 정치적인 독자성을 유지하는 연맹 체제를 벗어나지 못했어요. 이에 따라 중앙집권적인 국가 체제를 갖춘 고구려와 백제, 신라와의 경쟁에서 도태될 수밖에 없었어요. 고려 시대에 김부식 등은 이러한 이유 때문에 『삼국사기』에서 가야사를 배제했다고 생각됩니다. 『삼국사기』 편찬 이후 삼국 시대라는 용어가 널리 사용되었지요.

게다가 삼국과 비교해 가야의 역사를 기록한 자료가 적어 가야 역사의 전개 과정을 체계적으로 알 수 없었던 점도 삼국 시대라는 용어를 널리 사용하게 된 이유의 하나로 들 수 있지 않을까 합니다.

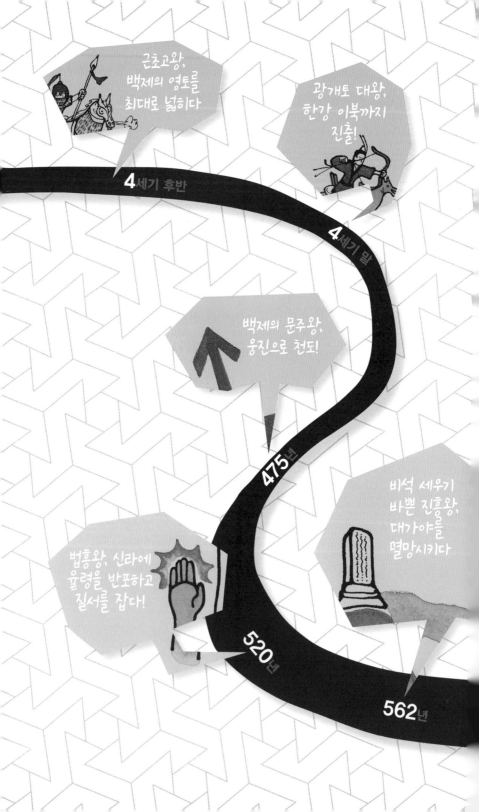

4장

영토를 놓고
치열한 전쟁을
벌이다

내땅!

18

삼국이
지치지 않고
전쟁을 한 이유는?

우리나라 역사를 통틀어 전쟁이 자주 일어난 시기는 언제일까요? 바로 고구려와 백제, 신라가 충돌한 삼국 시대라는 것을 쉽게 떠올릴 수 있을 거예요. 그런데 삼국은 도대체 왜 그렇게 영토를 놓고 전쟁을 자주 벌였을까요?

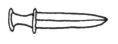 청동기 시대에 무장한 인간이 등장하면서 전쟁이 일상화되기 시작했습니다. 이때의 전쟁은 식량과 노비를 획득하는 약탈전의 성격을 지녔어요. 그러다 보니 당시에는 전쟁에 참여한 성인 남자만 전리품을 분배받을 수 있었지요.

서양에서 고대 그리스·로마군의 핵심 병력인 중장 보병은 병사 스스로 갑옷과 무기를 구비해 전쟁에 나가야 했어요. 갑옷과 무기를 살 만한 경제력이 뒷받침되지 않은 사람은 중장 보병이 될 수 없었지요. 마찬가지로 부여에서도 전쟁이 일어나면 마가와 우가, 구가 같은 지배층이 부유한 호민과 함께 전쟁에 참가했어요. 가난한 하호는 양식을 져다가 음식을 만들어 주었다고 해요. 이후 고구려와 백제, 신라에서도 건국 초기에는 지배층과 부유한 계층이 전쟁에 참가한 걸로 짐작됩니다. 이를 통해 삼국도 초기에는 주로 식량과 노비 등을 획득하기 위해 전쟁을 벌인 것을 알 수 있지요.

그러면 언제부터 일반 백성들을 군사로 징발하기 시작했을까요? 400년에 광개토 대왕이 신라를 침략한 왜군을 무찌르기 위해 보병과 기병 5만을 파견했어요. 554년에 백제 성왕의 아들 여

창은 적어도 3만이 훨씬 넘는 병력을 이끌고 신라의 관산성(충북 옥천)을 공격했다고 해요. 이처럼 3만 또는 5만을 헤아리는 군사를 동원하는 전쟁이 자주 벌어지면서 지배층과 부유한 계층만 군대로 편성해서는 전쟁에 승리하기 어려워졌어요. 그에 따라 고구려는 4세기 무렵, 백제는 4세기 후반에서 5세기 후반 사이, 신라는 6세기 전반 일반 백성도 군사로 징발하기 시작했어요.

"약탈전에서 영토 확장전으로"

삼국은 중앙 집권적 국가 체제를 정비하면서 동시에 호적을 작성해 일반 백성 가운데 성인 남자를 병사로 복무하게 하는 제도를 마련했어요. 신라의 경우는 복무 기간이 3년이었다고 해요. 7세기 전반 신라 진평왕 때 설씨녀는 늙고 병든 아버지가 3년 동안 전방에서 군사로 복무할 차례가 되자 걱정이 많았어요. 마침 옆마을에 사는 가실이라는 청년이 설씨녀와 결혼하기로 약속하고 대신 군대에 갔어요. 그런데 복무 기한인 3년을 넘기고 6년 만에 뼈만 앙상해진 초췌해진 모습으로 돌아왔다는 이야기가 전해집니다. 7세기 전반 신라에서 일반 백성을 군사로 징발한 사실을 알려 주는 자료이지요. 국가는 백성에게 군역의 의무를 지우는 대신, 외적의 침략이나 지배층의 지나친 수탈로부터 생명과 재산을 보호해 주는 백성을 위한 여러 가지 조치를 세웠어요.

일반 백성을 군사로 징발하면서 전쟁의 성격도 바뀔 수밖에 없었어요. 고구려의 광개토 대왕은 자신이 새로 개척한 중국의 요동 지역과 러시아의 연해주 지역, 한강 유역에 살던 주민을 노비로 삼지 않고 고구려 백성과 똑같이 대우했어요. 신라의 진흥왕도 한강 유역과 가야 지역, 함경도 동해안 지역을 새롭게 개척하면서 정복 지역의 백성들도 신라의 백성과 똑같이 대우하는 대신 조세를 거두고 군역의 의무를 지웠지요.

광개토 대왕과 진흥왕은 난지 식량과 노비 획득을 위해 전쟁을 벌였다고 볼 수 없어요. 이때에는 전쟁에서 이기면 영토와 백성을 늘릴 수 있고 이에 비례해 국가의 지배 기반이 확대되면서 국력이 크게 신장되었어요. 반대로 전쟁에서 패하면 영토와 백성을 잃어 국력이 약해질 수밖에 없었습니다. 따라서 삼국 시대 중반에 이르면서 고구려와 백제, 신라는 영토와 백성을 늘리기 위해 전쟁을 벌였어요. 이러한 전쟁을 '영토 확장전'이라고 부릅니다.

이 과정에서 삼국 가운데 어느 한 나라가 강성해지면, 다른 두 나라가 동맹을 맺어 대항하는 이합집산이 이루어졌어요. 7세기 중·후반에는 중국의 당과 일본도 한반도의 정세에 개입하기 시작했고요. 그러면서 삼국의 영토 확장전은 동아시아 국제전으로 확대되었고, 궁극적으로 신라가 삼국을 통일하는 것으로 귀결되어 한동안 한반도는 전쟁이 없는 평화 시대로 접어듭니다.

19

백 제는
왜 수도를 자주
옮겼을까?

나라의 도읍, 즉 수도를 옮기는 것을 천도(遷都)라고 불러요. 삼국 가운데 천도를 가장 많이 한 나라는 어디일까요? 바로 백제입니다. 백제는 여러 차례 도읍을 옮겼지요. 그런데 백제는 왜 자꾸 도읍을 옮겼을까요?

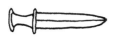 『삼국사기』에 따르면 백제는 시조인 온조왕 14년(기원전 5년) 정월에 도읍을 옮겼다고 전합니다. 한강 북쪽의 하북 위례성에서 한강 남쪽의 하남 위례성으로 도읍을 옮긴 것으로 보고 있어요. 하북 위례성이 어디였는지는 정확히 모르지만, 하남 위례성은 서울 송파구 풍납동에 위치한 '풍납토성'을 가리켜요.

이후에도 한강 이북의 서울 또는 서울 송파구 방이동에 있는 몽촌토성으로 왕의 거처를 옮겼다가 다시 풍납토성으로 옮겼다는 기록이 남아 있어요. 한성에 자리 잡은 건국 때부터 웅진으로 천도하기 전까지를 '한성 백제' 시기라고 불러요.

그러다가 475년, 백제는 수도를 한성에서 웅진(충남 공주)으로 멀리 옮기게 됩니다. 그 이유는 뭘까요? 백제 개로왕은 고구려 장수왕이 보낸 승려 도림의 꾐에 빠져 백성들을 징발해 궁궐을 화려하게 꾸미고, 멀리서 돌을 가져다가 아버지의 무덤을 크게 만들어 장사를 지냈어요. 그리고 한강을 따라 아주 긴 둑을 쌓느라 나라의 창고는 텅텅 비고, 백성들은 곤궁에 빠지면서 나라가 위태로워지고 말았어요. 이 틈을 타서 475년에 고구려 장수왕이 3만의 군사를 보내 백제의 수도를 공격했어요.

　그러자 개로왕은 신라에 문주를 보내 도움을 요청했어요. 신라의 자비왕은 1만의 군사를 보내 백제를 도와주도록 했지만, 문주가 1만의 군사를 데리고 한성에 이르렀을 때는 이미 고구려군이 수도를 파괴하고 개로왕을 죽인 다음, 신라의 구원군이 온다는 소식을 듣고 한강 이북으로 물러난 상태였어요. 문주는 475년 9월에 황폐해진 한성에서 왕위에 오르고 한 달 뒤 웅진으로 수도를 옮겼어요. 『삼국사기』에서는 문주왕이 개로왕의 아들이라고 전하지만 보통은 『일본서기』에 전하는 대로 개로왕의 동생으로 봐요.

"수도를 옮길 때마다
정치·사회·문화가 달라져"

　그런데 웅진은 오랫동안 수도로 삼기에 공간이 비좁았어요. 이에 백제 성왕은 538년에 사비(충남 부여)로 수도를 다시 옮겼어요. 사비는 백마강(금강)과 부소산으로 둘러싸여 있어서 적을 방어하는 데 유리했어요. 백마강을 따라 바다로 나가는 데도 편리했을 뿐만 아니라 남쪽과 동쪽으로 벌판이 펼쳐져 있어 농업 생산량도 풍부한 곳이었지요. 성왕은 사비 주위에 성을 쌓고, 성 안쪽을 도시 계획에 따라 시가지로 새롭게 구획했어요. 또 국호를 남부여라고 고쳤는데, 백제가 부여를 정통으로 계승했음을 표방하려는 의도가 반영되었지요.

일본에서 발견된『관세음응험기』라는 책에 따르면 무왕 때에는 지모밀지로 천도했다고 해요. 여기서 지모밀지는 전북 익산을 가리켜요. 그렇지만『삼국사기』에 백제 무왕이 익산으로 천도했다는 기록이 전하지 않기 때문에『관세음응험기』의 기록을 그대로 믿을 수 없어요. 다만 무왕이 익산을 작은 서울을 의미하는 신라의 소경 같은 도시로 만들려고 노력했다는 사실은 인정하고 있어요.

지금은 수도의 변천에 주목해 백제의 역사를 한성 도읍기, 웅진 도읍기, 사비 도읍기로 나누어 연구하고 있어요. 천도 이후 백제의 정치·사회·문화 등이 크게 바뀌었기 때문이에요. 이를 통해 고대 사회에서 천도가 정치와 사회, 문화의 발전 및 변천에 커다란 영향을 끼쳤음을 알 수 있답니다.

삼국은
전쟁에서
어떤 무기로
싸웠을까?

우리나라 역사에서 전쟁이 자주 일어난 시대가 바로 고구려와 백제, 신라가 치열하게 대립한 삼국 시대라고 했지요? 그런데 삼국은 전쟁에서 어떤 무기로 싸웠을까요? 또 전쟁을 어떻게 치렀을까요?

 **오늘날 군인은** 화약의 힘으로 탄알을 쏘는 총이나 대포 같은 화기(火器)로 무장하고 전쟁을 벌여요. 반면 고대의 군인은 근육의 힘을 이용하는 냉병기(冷兵器)를 가지고 싸웠습니다.

고대의 군인들이 사용한 냉병기는 사정거리에 따라 원거리 무기와 근거리 무기로 나눌 수 있습니다. 대표적인 원거리 무기는 바로 '활'입니다. 활은 신석기 시대 초기부터 사냥용 도구로 사용하기 시작했어요. 작동 부분이 있고 근육의 힘을 역학적 힘으로 전환시켜서 사용하는 무기로, 인간이 발명한 최초의 기계라고도 볼 수 있지요. 고대 사람들은 활의 원리를 이용해 쇠로 된 발사 장치를 가진 쇠뇌와 큰 돌을 쏘아 던지는 투석기 같은 강력한 원거리 무기를 개발하기도 했습니다.

근거리 무기는 다시 길이에 따라 창 같은 긴 무기와 칼 같은 짧은 무기로 나눌 수 있어요. 특히 근거리 무기 가운데 몽둥이나 도끼처럼 직접 타격을 가하는 무기는 타병기(打兵器)로 분류합니다.

삼국 시대 중반에 갑옷 같은 방어 장비가 발달하면서 원거리 무기인 활의 위력이 크게 감소하고 창과 칼 등 근거리 무기가 널리 쓰였어요. 이 가운데에서도 사람을 죽이거나 상하게 하는 데 효율적인 긴 무기인 창이 주력 무기로 사용되었고 칼은 최후의 육박전에 대비한 보조 무기로 활용되었지요. 그러면서 병사들은 손에는 창을 들고, 허리에는 칼을 차는 형태로 무장하는 것이 일반화되었습니다.

고대의 전쟁에서 커다란 위력을 발휘한 것은 바로 말이었어요. 유목 민족과 달리 우리 민족은 말 등에서 자유자재로 움직이는 기마술을 익히는 것이 어려웠지요. 따라서 삼국 초기에는 전쟁에서 기마병의 역할은 그리 크지 않았어요. 그러다가 300년 무렵, 말등자가 개발되면서 사정이 크게 달라졌어요. 말에 탄 사람이 발을 디딜 수 있게 말 안장에 다는 말등자 덕분에 말에 탄 기사의 발이 말 옆구리에 고정되면서 말 위에서 균형을 유지하기 쉬워졌고, 말의 옆구리에 두 다리를 꽉 끼워 말과 한 덩어리가 될 수 있었거든요. 하지만 말이 무방비 상태였기 때문에 전쟁에서 기마병의 활약은 한계를 지닐 수밖에 없었어요. 이러한 한계를 보완하기 위해 말에게 갑옷을 입히기 시작했는데, 무사와 말이 모두 갑옷을 입은 기마병을 '개마무사'라고 부릅니다.

개마무사는 말의 돌격력을 최대한 공격력으로 전환하기 위해 4미터가 넘는 긴 창으로 무장한 덕분에 근거리 전투에서 커다란 위력을 발휘했어요.

"근거리 전투에서
위력을 발휘하는 개마무사"

357년에 만들어진 고구려의 안악 3호분 행렬도에서 고구려 개마무사의 모습을 찾아볼 수 있어요. 또한 경주나 경남 합천, 부산 등의 고분에서 출토된 말 갑옷(마갑)을 통해 5세기에는 한반도 남부 지역에도 개마무사가 등장한 것을 알 수 있지요.

개마무사의 등장 이후 기마전이 일상화되었고, 보병과 기병을 복합적으로 운용하는 전술이 등장했어요. 더욱이 삼국은 요새마다 성을 구축하고 방어 체계를 강화하면서 삼국 사이의 전쟁은 더욱 복잡한 양상을 띠게 되었지요.

군대의 규모는 상황에 따라 차이가 있었지만, 국가의 운명을 결정 짓는 전쟁에는 통상 군사 수만 명이 동원되었어요. 전투 부대는 여러 단위 부대로 편성되었고, 쇠뇌나 각종 무기로 무장한 특수 부대가 있었어요. 군량미를 보급하는 치중 부대, 무기를 수리하고 보급하는 장척 부대 등도 편성되었지요. 병사들은 단위 부

개마무사

말과 무사가 갑옷을 입고 삭이라는 긴 창과 고리자루큰칼로 무장한 중장 기병을 일컫는다. 전투에 나간 개마무사는 무겁고 긴 창을 휘두르며 적진을 돌파하면서 적의 전투 대형을 흐트러뜨리는 역할을 했다. 특히 이들이 입은 갑옷은 작고 네모나게 자른 얇은 철판을 이어 제작한 찰갑으로, 가볍고 활동성이 좋았다. 전투에서 엄청난 위력을 발휘하던 개마무사는 고구려뿐만 아니라 백제, 신라, 가야 등에서도 활약했다.

대별로 대오를 이루어 전장으로 행군했어요. 이때 병사들은 무기뿐 아니라 각자 며칠분의 식량도 들고 갔어요. 10인이 한 조를 이루어 취사도구와 천막, 괭이 등 여러 장비를 짊어졌을 거예요.

그럼 두 나라의 대군이 맞닥뜨려 어떤 방식으로 싸웠을까요? 553년 고구려와 백제가 맞붙은 백합야새 전투를 보면 처음에 장군 몇 명이 앞으로 나와 서로 마주 보며 상대방의 신원을 확인한 후 그들끼리 먼저 한 번 겨루고, 그다음에 두 나라의 대군이 평원에서 맞붙어 전면전을 전개했다고 합니다. 참혹한 전장에서 낭만적인 풍경을 보는 듯한 느낌이 들지요. 그러나 '먹느냐 먹히느냐'라는 생존의 문제가 전면에 부각되면서 이 같은 장면은 점차 보기 어려워졌을 것입니다.

21

진흥왕
순수비에서
'순수'는
무슨 뜻일까?

신라 24대 진흥왕은 정복 활동을 활발히 벌여 영토를 세 배 이상 확장했어요. 다른 한편으로 비석을 많이 세운 왕으로도 유명해요. 지금까지 발견된 비석으로는 진흥왕 순수비인 창녕비, 북한산비, 황초령비, 마운령비 그리고 단양 적성비가 있어요. 진흥왕은 왜 비석을 많이 세웠을까요? 그리고 이 비석들을 통해 무엇을 알 수 있을까요?

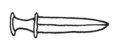 진흥왕이 정복 지역을 순행하고 순수비를 세운 사실은 북한산 비봉과 황초령, 마운령, 창녕에서 진흥왕 순수비가 발견되면서 알려졌어요. 비봉에 세운 진흥왕 순수비는 조선 후기 김정희에 의해 세상에 알려졌고, 황초령과 마운령, 창녕에서 발견된 비는 우여곡절 끝에 일제 강점기 때 진흥왕 순수비로 확인되었어요.

'순수(巡狩)'는 옛날에 임금이 나라 안의 영토를 두루 돌아다니면서 하늘과 땅, 산과 강에 제사를 지내고, 제후와 지방 관리에게 현지 사정을 보고받는 것을 이릅니다. 중국을 최초로 통일한 진시황은 자주 지방을 다니면서 산천에 제사를 지내고, 그것을 돌에 새겨 기념한 대표적인 군주였어요. 진흥왕은 진시황의 사례를 본받아 순수비를 세운 것으로 짐작됩니다.

함남 영광군 황초령에 세운 비와 함남 이원군 마운령에 세운 비의 첫머리에는 '태창 원년(568년) 8월에 진흥 대왕이 관할 영역을 순수하고 돌에 새겨 기념했다'고 적혀 있어요. 북한산에 서 있는 비에도 동일한 문구가 있었다고 보이고요. 경남 창녕군 창녕읍

목마산성 서쪽 언덕에 있던 창녕 신라 진흥왕 척경비 역시 진흥왕이 창녕 지역을 순수한 사실을 기념해 세운 것으로 알려졌습니다. 이 때문에 진흥왕이 세운 4개의 기념비를 통칭해 '진흥왕 순수비'라고 이름 붙였어요.

마운령 순수비에 따르면 진흥왕은 '사방의 영토를 개척해 널리 백성과 토지를 획득하니, 이웃 나라가 신의를 맹세하고 화친을 청하는 사신들이 왕래했다', 또 '옛 백성과 새로 신라의 백성이 된 사람들을 위로하고 왕의 은혜가 고르게 미치도록 한다'라고 말했다고 해요. 이런 내용을 보면 진흥왕은 개척한 영토를 직접 놀아보며 정복 지역을 신라의 영토로 획정하고, 새로 신라의 백성으로 편입된 사람들을 위로할 뿐만 아니라 국가와 국왕의 위엄을 대내외에 과시하려는 목적에서 순수비를 세웠다는 것을 알 수 있습니다. 진흥왕이 기존 신라의 영토에서 세 배나 더 넓게 개척한 사실로 비추어 볼 때 더 많은 순수비를 세웠을 것으로 추측되지만 지금까지 4개밖에 발견되지 않았어요.

이 밖에 우리는 진흥왕 순수비를 통해 무엇을 더 알 수 있을까요? 『삼국사기』와 『삼국유사』에는 진흥왕이 함경남도 이원과 영광까지 진출했다는 사실이 전하지 않아요. 그런데 황초령과 마운령에서 비가 발견되면서 진흥왕이 함남까지 진출했다는 사실을 알 수 있게 되었어요.

또 진흥왕 순수비에는 진흥왕을 따라 창녕과 북한산, 마운령, 황초령에 갔던 관리들의 관등과 관직, 이름이 적혀 있어요. 이를 통해 진흥왕대 중앙과 지방 통치 제도 및 운영 모습을 탐색해 볼 수 있어요. 그뿐만 아니라 비문의 해석을 통해 진흥왕대에 신라가

| 진흥왕 순수비 발견 위치 |

유교적인 통치 이념을 수용한 사실 등 삼국 통일 이전의 신라 역사에 대해 많은 정보들을 알 수 있습니다.

한편, 진흥왕은 불교를 널리 보급하고 음악을 사랑했다고 전해요. 또한 거칠부 등에게 신라의 역사를 정리한『국사』를 편찬하게 했고요. 여기에 자신이 정복 군주임을 내세우기 위해 세운 순수비들은 오늘날 신라사 연구에 무척 귀중한 사료로 활용되고 있으니, 정말로 진흥왕은 역사를 소중하게 생각한 군주로 기억해도 좋을 듯하네요.

22

가야

NO

우리 땅에
일본 식민지가
있었다고?

우리나라는 1910년부터 1945년까지 일제의 식민 지배를 받았어요. 그런데 예전에 일본 역사가들은 고대에도 일본이 우리 땅에 식민지를 두어 통치한 적이 있다고 주장했어요. 일본인 역사가들이 이같이 주장한 역사적 근거는 무엇이고, 이 말이 사실일까요?

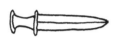 **일본 역사가들은** 고대에 일본이 우리 땅에 있었던 식민지를 통치하기 위해 임나일본부를 두었다고 주장했어요. 여기서 '임나'란 가야를 이르는 말이고, '일본부'는 일본의 통치 기관이라는 뜻이지요. 즉 '임나일본부'는 '고대에 일본이 가야 지역을 식민지로 삼고 그곳을 지배하기 위해 설치한 통치 기관'이라는 것입니다.

일본 역사가들 사이에서 임나일본부의 존립 기간에 대해 다양한 의견이 제시되었어요. 그러다가 임나일본부는 왜가 369년부터 562년까지 약 200여 년 동안 가야 지역을 지배하기 위해 설치한 통치 기관이라고 규정한 역사학자 스에마쓰 야스카즈의 견해가 일본 학계에서 받아들여졌어요.

임나일본부라는 표현은 우리나라의 역사책에는 전하지 않고 일본의 역사책인 『일본서기』에 전합니다. 그런데 이 책에 전하는 삼국 및 가야 관련 기록의 경우 왜곡된 내용이 많아서 그대로 믿을 수 없다고 보는 견해가 지배적입니다.

스에마쓰는 이 때문에 『일본서기』 외에 칠지도의 명문, 광개토 대왕릉비의 신묘년조 기사, 중국 역사책의 기록 등을 증거로 제시했어요.

스에마쓰는 1949년 발표에서 광개토 대왕릉비의 신묘년조 기사를 '왜가 신묘년(391년)에 바다를 건너와서 백제와 신라를 깨뜨려 신민으로 삼았다'고 해석했어요. 칠지도에 쓰인 글은 '(369년에) 백제의 왕과 세자가 성스러운 은혜에 기생하여 살고 있으므로 왜왕의 뜻을 받들기 위해 (칠지도를) 만들었다'고 풀이하면서 『일본서기』에 전하는 것처럼 칠지도를 372년에 왜왕에게 바쳤다고 주장했어요. 중국 역사책에 실린 중국 황제로부터 작호를 받았다는 기록을 바탕으로 왜의 한반도 남부 지역 지배를 중국으로부터 국제적으로 공인받은 것으로 해석했고요.

"역사는 증거와 해석!"

스에마쓰의 발표 뒤 우리나라 역사가들은 신묘년조 기사는 고구려의 천하관이 반영된 과장된 표현이므로 사실 그대로 믿기 어려울 뿐 아니라, 정복의 주체 또한 왜가 될 수 없다고 해석했어요. 칠지도의 명문에 대한 해석은 백제의 왕세자가 왜왕에게 칠지도를 하사한 것이라는 해석이 올바르다는 의견을 제시했습니다. 5세기에 왜왕이 중국 남조로부터 받은 작호는 왜왕이 자신의 위세를 과시하기 위해 과장한 것에 불과한 것이라고 비판했지요.

우리나라 역사가들의 활발한 연구와 더불어 지금까지 가야가 있던 부산·경남 지역에서 왜가 200여 년 동안 지배했다는 것을 증명하는 고고학적인 증거가 전혀 발견되지 않은 사실을 통해 스에마쓰의 주장이 잘못되었다는 것이 입증되었다고 볼 수 있습니다. 게다가 제2기 한·일 역사 공동 연구 위원회에 참여한 일본의 역사가들이 '임나일본부'라는 용어는 부적절하므로 폐기해야 한다는 데 동의한 것에서 보듯이 일본의 역사가들도 임나일본부설을 부정하는 것이 지배적입니다.

현재 임나일본부설은 완전히 폐기되었다고 볼 수 있지만 아직까지 일본 사람들이 『일본서기』에 왜가 가야 지역을 식민지로 만들어 지배한 것처럼 조작해 기록한 이유와 임나일본부가 가야 지역을 지배하기 위한 통치 기관이 아니라면 그 성격을 어떻게 볼 것인가에 대해서 명확하게 규명되었다고 볼 수 없어요.

앞으로 한일 역사학계가 이런 문제에 대해 공동으로 연구를 진행한다면 의미 있는 성과를 거둘 수 있을 것으로 기대됩니다.

5장

삼국 시대 사람들의 삶과 교류

삼국
사람들끼리
말이 통했을까?

중국 역사책 『삼국지』에 보면 중국 사람과 부여 사람이 만나 대화할 때 통역하는 사람이 땅에 한 손을 짚은 채 무릎을 꿇고 속삭이듯 말을 전하는 장면이 등장합니다. 하지만 어떤 역사책에도 고구려 사람과 신라 사람, 백제 사람이 만났을 때 통역하는 사람이 있었다는 기록이 전하지 않습니다. 정말로 삼국 사람들은 통역하는 사람 없이 직접 대화했을까요?

중국 역사책인 『삼국지』에 따르면 고구려의 언어는 부여의 언어와 같고, 동예와 옥저의 언어는 대체로 고구려의 언어와 같았다고 합니다. 그러니까 부여와 고구려, 동예, 옥저 사람들이 만나면 통역이 필요 없었겠지요. 한편, 진한과 변한의 언어는 유사하지만 진한과 마한의 언어는 서로 다르다고 했어요. 중국과 고조선 유민들이 경상도 쪽으로 가서 진한과 변한의 여러 나라를 세웠다고 해요. 그래서 경기도와 충청남도, 전라도 지역에 살던 마한 사람들과는 말이 달랐지요. 그러다가 시간이 흘러 중국과 고조선 유민들이 한반도 남쪽에 거주하던 한족(韓族)에 동화되면서 진한과 변한, 마한의 언어는 서로 비슷해졌을 것입니다.

역사책에는 진한 및 마한의 한 작은 나라에서 발전한 신라와 백제의 언어가 고구려의 언어와 같다는 기록이 전하지는 않아요. 그러나 세 나라 언어에 비슷한 점이 많았다는 것을 알려 주는 증거 자료를 다수 발견할 수 있었어요. 예를 들어 볼까요? 고구려에서는 '형(兄)'을 '지(支)'라고 표기했어요. 신라에서도 '지차(支次)' 또는 '지(支)'라고 표기했고요. 이를 통해 고구려와 신라에서는 '형'을 '지' 또는 '지차'라고 발음했다는 것을 알 수 있어요. 신라와 백제에서는 우리말의 들, 들판, 벌 등을 한자로 불, 부리, 벌, 화 등으로 표기했어요. 지명을 표기하는 방식이 같다는 것은 신라와 백제의 언어가 서로 비슷했다는 뜻이지요. 고구려와 백제에서는 왕을 뜻하는 '군'을 '기자' 또는 '기차'라고 불렀지요. 이를 통해 고구려와 백제의 언어 역시 비슷했다는 것을 알 수 있답니다.

그렇지만 삼국의 언어 가운데 다른 경우도 적지 않게 발견됩니다. 예를 들어 고구려에서는 마시는 물을 '매'로, 신라에서는 '물'이라고 했어요. 고구려어와 백제어에서도 차이가 나는 사례를 다수 발견할 수 있지요.

이처럼 삼국의 언어가 얼핏 다른 것 같으면서도 비슷한 점이 많은 이유는 무엇일까요?

"삼국 언어의 뿌리는 원시 한국어"

그것은 삼국 언어의 뿌리가 같기 때문입니다. 언어학자들은 삼국 언어의 뿌리인 원시 한국어가 존재했다고 생각해요. 이후 원시 한국어는 부여-고구려계 언어와 한계(韓系) 언어로 나누어졌다가 5~7세기에 삼국 간에 접촉과 교류가 많아지면서 두 계통의 언어 사이에 유사점이 더욱 많아지게 된 것이지요. 삼국 통일 이후에는 신라어가 표준어가 되면서 언어에서도 통일이 이루어졌고, 신라어가 고려와 조선을 거쳐 오늘날의 한국어로 이어졌습니다.

최근에는 삼국의 언어 차이를 오늘날 방언의 차이 정도로 보고 있어요. 서울 사람들이 경상도와 제주도 방언을 처음 들으면 거의 알아들을 수 없지만, 자주 듣다 보면 무슨 뜻인지 알 수 있지요. 삼국 사람들도 다른 나라의 언어를 자주 듣다 보면 뜻이 통했을 거예요. 삼국의 언어에 유사한 점이 많았기 때문에 삼국 통일 이후 신라가 고구려와 백제의 유민을 하나의 민족으로 융합하는 정책을 강력하게 추진할 수 있었답니다.

24

고구려
사람들은 왜
무덤에 벽화를
그렸을까?

열네 명의 남녀가 대열을 짓고 노래에 맞춰 춤을 추고, 새 깃을 꽂은 모자를 쓴 사람들이 말을 타고 질주하면서 화살을 쏘아 호랑이나 사슴을 잡는 벽화가 그려진 고구려의 고분은 무엇일까요? 바로 무용총입니다. 그런데 고구려 사람들은 왜 무덤에 춤을 추고 사냥하는 그림을 그렸을까요?

 고대 사회의 지배자들은 죽은 뒤에도 영혼은 사라지지 않는다고 믿었어요. 그래서 지배자들은 죽어서도 살아 있을 때와 똑같은 신분과 지위, 부귀영화를 누리고자 했지요. 이 같은 내세관을 '계세적 내세관'이라고 불러요.

고대 사회의 지배자들은 계세적 내세관에 따라 '죽은 자의 집'인 무덤에서도 살아 있을 때와 마찬가지로 처첩과 시종, 관리와 무사, 노비의 시중을 받고 싶어 했어요. 이러한 바람에 따라 시종과 노비 등을 죽여 지배자와 함께 묻는 장례 풍습이 생겼는데, 이를 '순장'이라고 불러요. 부여에서는 왕이 죽으면 많으면 100여 명에 이르는 사람을 죽여 무덤에 같이 묻었다고 해요. 경북 고령군 대가야읍 지산동 고분에서는 40여 명의 사람을 순장한 무덤이 발견되기도 했어요.

시간이 지나면서 저승에서 현세의 사람이나 물건이 별 쓰임이 없을 것이라는 생각이 널리 퍼지면서 무덤에 사람 대신 흙으로 만든 인형을 묻거나 생전에 영광스러운 장면을 그려 장식했지요.

고구려 사람들은 3세기 말 이후에 관을 넣어 두는 네모난 널방을 짜고, 그 위에 흙으로 덮어 봉분을 만든 굴식 돌방무덤을 만들었어요. 보통 널방의 천장과 벽면에 벽화를 그렸어요.

"내세관에 따라
벽화의 내용이 달라져"

고구려 사람들의 내세관은 여러 차례 바뀌었어요. 그러면서 무덤에 그려진 벽화의 내용도 함께 달라졌지요. 3세기 말에서 5세기 초반까지 고구려 사람들은 계세적 내세관을 믿었어요. 이때에는 무덤에 묻힌 주인공이 살아 있을 때의 생활 가운데 기념할 만한 일이나 풍요로운 모습을 무덤의 벽에 그려 내세에서도 살아 있을 때와 똑같은 삶이 재현되기를 바랐지요. 이 같은 내용의 벽화를 생활 풍속도라고 불러요. 안악 3호분과 덕흥리 고분, 무용총,

| 고구려 고분인 굴식 돌방 무덤의 구조 |

각저총 등에 그려진 그림들이 이런 생활 풍속도에 해당한답니다. 천장에는 주로 신선들이 사는 하늘 세계를 표현했어요.

357년에 그린 것으로 알려진 안악 3호분 벽화에는 250명이 넘는 사람의 행렬뿐만 아니라 무덤의 주인공이 살던 대저택과 방앗간, 용두레 우물, 마구간, 외양간, 고깃간, 주방, 누각, 창고 등에서 수많은 노비들이 일을 하며 주인을 시중드는 모습이 사실적으로 그려져 있어요.

덕흥리 고분 벽화는 408년에 그려졌어요. 이 벽화에는 주인공이 살았을 때 13군의 대수들이 절을 하는 모습, 신임 관리를 섭견하는 모습, 주인공의 대저택에 있던 연못과 누각, 마구간과 외양간 등의 모습이 묘사되어 있지요.

소수림왕 때인 372년, 고구려에 불교가 전래되면서 고구려 사람들은 불교적 내세관을 믿게 되었어요. 이에 따라 고분 벽화의 소재도 바뀌기 시작했지요. 5세기 중엽 이후에 만든 고분 벽화에는 부처님에게 예불을 드리는 모습, 무덤 주인이 승려를 접대하는 장면, 연꽃에서 부부가 환생하는 모습, 다양한 연꽃무늬 등을 그린 그림을 발견할 수 있어요. 이러한 그림들은 모두 불교적 내세관에 따라 그린 거예요. 생활 풍속도나 사신도도 이 시기의 고분 벽화에서 함께 발견됩니다.

6세기 중엽부터 고구려가 멸망할 때까지는 도교적 내세관에 따라 주로 사신(四神) 그림이 본격적으로 그려졌어요. '사신'은

동·서·남·북의 네 방향을 지키는 상상 속의 동물로, 청룡과 백호, 현무, 주작을 가리킵니다. 도교가 전래된 이후 무덤을 편안한 쉼터로 인식하게 되면서 이에 따라 죽은 자의 쉼터를 지키는 수호신인 사신을 무덤 벽면에 그린 것이지요. 사신도가 그려진 대표적인 무덤은 강서중묘와 강서대묘입니다.

지금까지 벽화가 발견된 삼국 시대의 고분은 모두 126기입니다. 이 가운데 고구려 벽화가 121기, 백제와 신라의 벽화가 각각 2기, 가야의 벽화가 1기입니다. 백제와 가야의 고분에는 사신 그림이, 신라의 고분에는 생활 풍속도가 그려져 있어요. 고구려에서 고분에 벽화를 많이 그린 이유와 더불어 백제와 신라, 가야에서 고분에 벽화를 많이 그리지 않은 이유는 아직까지 정확하게 밝혀지지 않았답니다.

25

주차장을
만들다가 보물을
발견했다고?

백제의 왕족들이 잠들어 있는 충남 부여의 능산리 고분군 옆 계곡에 1993년 관광객들을 위한 주차장을 만들려고 했어요. 주차장을 만들기 전, 고고학자들이 발굴 조사를 하다가 땅속 구덩이에서 엄청난 유물을 발견하고 깜짝 놀랐어요. 물이 새 나오는 땅에서 나온 유물은 무엇이었을까요?

6세기 무렵 백제는 중국 남쪽에 있던 양(502~557)과 바다 건너 왜와의 활발한 문화 교류를 통해 동아시아 최고 수준의 문화를 누렸습니다. 이를 알려 주는 대표적인 유적이 무령왕릉입니다.

무령왕릉은 1971년, 한 번도 도굴을 당하지 않은 채 왕릉을 만든 때 모습 그대로 발견되었어요. 당시 중국의 양에서 유행한 벽돌로 무덤을 쌓았고, 무덤에서 발견된 2,906점의 유물 가운데 상당수가 중국에서 수입되거나 중국의 영향을 받아 제작된 것으로 밝혀졌어요.

또한 무령왕과 왕비의 목관이 일본에서만 자라는 금송(金松)이라는 나무로 만들어졌다는 사실이 조사를 통해 밝혀졌어요. 능에서 발견된 것과 비슷한 유물들이 일본의 여러 무덤에서 발견되기도 했고요. 무령왕릉은 6세기 전반에 백제가 중국의 양뿐만 아니라 왜와도 활발하게 교류한 것을 알려 주는 보물 창고지요.

그럼 충남 부여에 있는 능산리 고분군 옆 주차장을 만들다가 발견된 유물은 무엇이었을까요? 바로 '백제 금동 대향로'입니다.

능산리 고분군은 백제가 사비(부여)에 도읍이 있던 시기, 왕의 무덤이 모여 있는 곳이에요. 백제 금동 대향로는 바로 이 능산리 고분군 근처 절터, 진흙 속에서 발견되었지요. 진흙에 묻혀 있던 덕분에 1,400년이라는 시간 동안에도 본래의 모습을 거의 완벽하게 유지해 6세기 백제의 문화 수준을 알려 줍니다.

능산리 고분군 옆에 있던 절은 27대 위덕왕과 그의 누이가 554년 관산성 전투에서 신라군에게 억울하게 죽임을 당한 아버지 성왕의 원혼을 달래기 위해 세운 절이에요. 백제 금동 대향로는 위덕왕이 이 절에서 아버지의 명복을 빌기 위한 행사에 사용하려고 만들었을 것으로 짐작되어요. 아버지의 원혼을 달래고 신라에게 당한 치욕을 갚기 위해 절치부심했던 위덕왕은 금동 대향로를 만드는 데 당시 최고의 기술자와 기술력을 동원했을 거예요.

향로는 악취를 없애고 부정을 씻어 내기 위해 향을 피우는 도구로, 백제 금동 대향로는 높이가 61.8센티미터에 무게는 11.8킬로그램에 이릅니다. 당시 중국에서 유행한 박산 향로에 비해 규모가 커서 대향로라고 불러요.

백제 금동 대향로는 봉황으로 장식한 정상부와 뚜껑, 몸체와 받침대 등 크게 4부분으로 구분되어요. 받침대 부분은 지하 수중의 세계를, 몸체 부분은 물가의 세계를, 뚜껑 부분은 지상의 세계를, 정상부는 하늘의 세계를 표현했어요.

백제 금동 대향로를 꼼꼼히 살펴볼까요? 정상부에는 날아

오르는 듯한 봉황과 음악을 연주하는 악사 다섯 명을 조각했어요. 뚜껑에는 16명의 인물과 42마리의 동물, 6종류의 식물이 배치된 24개의 봉우리가 조각되어 있지요. 몸체는 연꽃무늬로 빼곡하게 장식하고, 24마리의 동물과 2명의 인물을 그 사이에 배치했어요. 몸체 아래는 용이 용틀임 자세로 위로 치솟는 듯 향로 전체를 떠받치는 모습이랍니다.

"금속 공예 분야에서 동아시아 최고의 걸작"

백제 금동 대향로의 조각은 아주 섬세하고 정교해요. 각 부분의 비례와 배분도 치밀해 조화가 잘 이루어져 있어요. 똬리를 튼 용이 생동하는 모습이나 봉황의 유려하고 세련된 곡선은 아름다움의 극치를 보여 주지요.

백제 금동 대향로는 중국의 박산 향로에서 유래한 것으로 봐요. 하지만 박산 향로는 일반적으로 신선 사상에 기초해 만들었지만, 백제 금동 대향로에 담긴 사상은 좀 달라요. 몸체에 장식된 연꽃무늬에는 불교 사상이 반영되었고, 뚜껑과 정상부에는 신선 세계가 담겨 있어요. 중국의 박산 향로를 모델로 하면서도 불교 사상을 반영해 백제 특유의 세련되면서도 독창적인 스타일로 만든 것이지요.

역사가들은 백제 금동 대향로는 백제인의 뛰어난 회화적 구도와 장식성을 드러낸 백제 예술의 총합체라고 평가해요. 심지어 6세기 후반 동아시아의 작품 가운데 최고 수준의 예술적 경지에 도달한 걸작품이라고 평가하기도 하지요. 이 같은 평가를 들을 만큼 금동 대향로는 백제의 문화적 역량과 종교적 열정과 뛰어난 예술혼이 집약된 금속 공예의 걸작이랍니다.

26

서동 설화가
지어낸
이야기라고?

'선화 공주님은 / 남모르게 사귀어 두고 / 서동을 밤에 몰래 안고 논다네'
백제 사람 서동이 신라 선화 공주와 결혼하기 위해 지은 「서동요」예요. 서동은 마를 내다 팔아 살았다고 해서 붙은 이름으로, 후에 백제의 무왕으로 즉위했다고 전해요. 선화 공주는 진평왕의 셋째 딸인데, 정말 백제 왕과 신라 공주가 결혼한 걸까요?

 『삼국유사』에는 서동과 선화 공주의 로맨스를 다룬 설화가 등장해요. 백제의 수도 남쪽 연못가에 살던 서동이 진평왕의 셋째 딸 선화 공주가 미인이라는 수문을 듣고 배필로 삼으려고 신라의 서울(경주)로 가서 노래를 짓고는 아이들을 꾀어 부르게 했다고 해요. 이를 듣고 화가 난 진평왕이 선화 공주를 멀리 귀양 보냈는데 가는 도중에 서동을 만나 사랑에 빠지게 됩니다. 백제로 돌아간 서동은 많은 양의 황금을 보내 진평왕의 신임을 얻고 백제 사람들의 인심도 얻어 왕위에 오를 수 있었어요. 나중에 무왕(서동)과 선화 공주가 익산 용화산에 있는 사자사에 가는 도중 미륵삼존이 솟아오른 것을 보고 그곳에 절과 세 개의 탑을 세운 뒤 미륵사라고 했다고 전해요.

『삼국사기』에 따르면 무왕은 백제 29대 법왕의 아들로, 이름은 '장(璋)'이라고 해요. 이를 근거로 서동 설화를 그대로 믿기 어렵다는 주장이 제기되었어요. 백제 무왕과 신라 진평왕 시기는 두 나라가 치열하게 전쟁을 벌이던 때로, 선화 공주는 진평왕의 딸이 아니라 익산 지역에 살던 유력 귀족의 딸이었다는 주장도 있고, 사실 서동은 백제 24대 왕인 동성왕이고 선화 공주는 493년에 동성왕과 혼인한 신라 귀족 비지의 딸로 보아야 한다는 주장도 있어요. 또 본래 서동은 몰락한 왕족 출신이었는데, 법왕 사망 이후 권력을 장악한 귀족들이 세력 기반이 미약해서 조종하기 쉬운 인물인 서동을 왕으로 추대했고, 왕위에 오른 서동이 신라 진평왕의 딸인 선화 공주와 정략 결혼한 것이라는 등 무왕과 선화 공주에 대한 다양한 주장이 있습니다.

"설화보다 유물이 더 강력한 증거"

서동 설화가 역사적 사실을 반영했는가의 여부를 둘러싼 논쟁은 2009년 익산 미륵사지 서탑에서 사리봉안기가 발견되면서 새로운 국면으로 접어들었어요. 사리봉안기에 '좌평 사탁적덕의 딸인 무왕의 왕후가 639년 정월 29일에 사리를 받들어 미륵사 서탑에 안치했다'는 내용이 들어 있었거든요. 사탁(沙乇)은 사택(沙宅)이라고도 하는데, 사택씨는 백제의 유력한 귀족 가문이었어요. 그러니까 사리봉안기에 따르면 미륵사지 서탑은 무왕과 선화 공주가 아니라 사탁씨가 세웠다는 것이지요.

익산 미륵사에 석탑을 세 개 세웠다는 사실에 근거해 동탑과 서탑은 사탁씨가, 가운데에 위치한 중탑은 무왕의 또 다른 왕후인 선화 공주가 세웠다는 주장도 있지만, 사리봉안기가 발견되면서 서동 설화는 역사적 사실을 반영한 것이 아니라 백제 멸망 이후 신라 사람들이 백제 유민의 반발을 무마하기 위해 만든 설화에 불과하다는 견해에 대부분 동의했어요. 신라 사람들이 백제 왕실과 신라 왕실이 가까운 인척 관계였음을 부각시켜 백제 유민들의 반감을 줄이려고 만든 이야기라는 것이지요.

사리봉안기는 무왕 때 백제 사람이 직접 작성한 것이고, 『삼국유사』는 고려 후기에 일연이 지은 역사책이에요. 따라서 639년에 무왕의 왕비 사탁씨가 미륵사 서탑을 세운 것은 분명한 사실이지요. 게다가 서동 설화 외에 다른 어떤 기록에서도 무왕이 신라 공주와 결혼했다는 내용을 찾을 수 없어요. 특히나 신라 진평왕과 백제 무왕 때는 두 나라가 무척 치열하게 전쟁을 한 시기였기 때문에 두 나라 왕족 사이의 혼인이 있었다고 보기 어려워요.

또한 마를 캐는 아이가 자라서 왕의 자리에 올랐다는 것도 역사적 사실이 아닐 가능성이 높아요. 아마 백제가 멸망한 후에 신라 사람들이 나라를 잃은 백제 유민들의 반발을 무마하기 위해 서동 설화를 만들어 유포했고, 후에 일연이 『삼국유사』에 넣었다는 것으로 보는 것이 합리적이라고 생각합니다.

27

첨성대에서
점을 봤다고?

경주는 천 년의 역사를 간직한 신라의 수도예요. 경주에서 신라 왕들이 살던 궁궐이 자리 잡은 곳은 월성으로, 반달 모양을 닮았다고 이렇게 불렀지요. 월성으로 들어가는 정문과 가까운 곳에 돌로 만든 우물 모양의 아담한 건축물이 우뚝 서 있는데, 바로 첨성대입니다.

『삼국유사』에 따르면 선덕 여왕 때 첨성대를 만들었다고 전합니다. 조선 시대에 편찬된 『세종실록지리지』에는 선덕 여왕 2년에, 『증보문헌비고』에는 선덕 여왕 16년에 첨성대를 쌓았다고 기록되어 있어요. 첨성대가 만들어진 정확한 연대는 알 수 없으나 선덕 여왕 때 쌓았다는 사실만은 확실해 보여요.

'첨성대(瞻星臺)'는 별을 바라보는 건물이라는 뜻으로, 고려 후기 안축이라는 사람은 첨성대를 하늘을 살폈던 건물이라고 언급했고, 1481년 간행된 『동국여지승람』에도 첨성대에서 별을 관측했다는 기록이 나와요. 고려와 조선 시대 사람들은 첨성대가 별을 관측하는 건물이라는 것에 대해 조금도 의심하지 않은 것이지요. 오늘날 우리도 첨성대를 동양에서 가장 오래된 천문대라고 여겨, 우리 선조들이 만든 소중한 문화유산으로 세계에 자랑하고 있어요.

그런데 첨성대가 진짜 별을 관측하던 건물이었을까요? 엉뚱한 질문이라고 손가락질할 수도 있지만, 실제로 어떤 사람은 첨성대가 별을 관측하던 건물이 아니라고 주장해요. 이같이 주장하는 이유는 무엇일까요?

첨성대를 보면 남쪽 방향에 창문이 하나 나 있습니다. 옛날 기록에 사람이 창문을 통해 오르내리면서 별을 관측했다고 나오는데, 그러기가 여간 불편한 것이 아닙니다. 또 첨성대의 높이는 9.108미터로, 사실상 첨성대에서 별을 관측하나 땅에서 관측하나 크게 차이가 없지요. 첨성대의 꼭대기는 지름 2.85미터인데, 별을 관측하는 기구인 혼천의를 놓고 몇 사람이 올라가 관측하고 그것을 기록한 장소라고 보기에 너무나 비좁습니다. 게다가 추운 겨울 날씨에 대비한 어떠한 흔적도 발견할 수 없어요. 이런 첨성대의 구조적 결함을 들어 첨성대를 천문대라고 보기 어렵다는 주장을 폈던 것입니다.

어떤 학자는 첨성대를 중국의 고대 천문·수학책인『주비산경』의 내용을 담은 상징물로, 천문대의 부속 건물이라고 주장했어요. 첨성대 건축에 사용된 돌의 숫자가 약 365개이고, 맨 아래에서 창문까지 12단, 창문에서 꼭대기까지 12단, 기단과 꼭대기 정자석까지 모두 합하면 29단인 것이 바로 1년 365일, 12개월과 24절기, 한 달(음력)을 상징한다는 점을 근거로 들었어요.

또 첨성대가 불교에서 신성하게 여기는 수미산의 모양을 본떠 만든 하늘에 제사를 지내는 제단이라는 주장, 마야 부인이 옆구리에서 석가모니를 출산하던 모습을 본떠 만든, 신라의 시조 박

혁거세와 불교의 창시자 석가모니, 그리고 성스러운 조상을 둔 선덕 여왕의 신성한 탄생을 기리는 '성탄대'라는 주장도 있답니다.

"별을 관측하는 천문대? 점을 치는 점성대?"

그런데 정말 첨성대가 천문대가 아니라는 주장을 믿을 수 있을까요? 사실 첨성대를 상시적으로 별을 관측하던 천문대라고 보는 것은 문제가 있어요. 그렇다고 첨성대가 별을 관측하던 건물이 아니라는 것도 맞지 않아 보여요.

『삼국유사』를 잘 찾아보면 첨성대를 점성대(占星臺)라고 표기한 부분이 나와요. 점성대는 별을 관측해 길흉을 점치던 건물이라는 뜻이지요. 첨성대를 점성대라고 표기한 사실로 미루어 보건대, 국가에서 중요한 일을 결정하거나 또는 정월 초하루 같은 특별한 날에 첨성대에 올라가 별의 움직임을 관측하고, 길흉을 점쳤을 것입니다. 이러한 점에 비추어 보면 첨성대는 별을 상시적으로 관측하던 천문대는 아니지만, 그것에 부속된 건물의 하나로 볼 수 있습니다.

28

고대에도
한류가
있었다고?

케이팝을 비롯한 우리나라의 대중문화가 해외에서 널리 관심을 끌면서 한류 열풍이 불고 있어요. 그런데 오늘날만이 아니라 고대에도 한류 열풍이 있었다고 하는데. 과연 고대의 어떤 문화가 해외에서 인기를 끌었을까요?

중국 지린성 지안시에 있는 무용총에 유명한 고분 벽화가 있어요. 이 고분 벽화에서 악기인 완함의 연주와 노래에 맞춰 춤을 추는 여섯 명의 무용수를 볼 수 있지요. 두 명은 소매가 긴 두루마기 차림이고, 나머지는 소매 긴 저고리와 통이 큰 바지 차림이에요. 새 깃을 꽂은 '절풍'을 쓴 사람이 맨 앞에서 춤을 이끌고 있지요. 절풍은 고깔 형태의 세모난 모자예요. 무용수들은 긴 옷소매를 펄럭이면서 춤을 추고 있어요. 마치 두루미나 학이 긴 날개를 펼치고 춤추는 모습이 연상되지 않나요?

무용총 벽화에 묘사된 고구려 춤은 중국 당에서도 널리 공연되었어요. 당의 유명한 시인 이태백이 지은 「고구려」란 시를 함께 감상해 볼까요?

절풍 모자에 금꽃을 꽂고
흰말처럼 천천히 도네
넓은 소매 휘저으며 훨훨 춤을 추니
마치 해동(고구려)에서 새가 날아온 듯하네

이태백이 관람한 고구려 춤은 무용총에 묘사된 고구려 춤과 거의 같아 보이지요?

또 중국 당의 관리인 어사대부 양재사가 어떤 모임에서 가위로 오린 종이를 모자에 걸고, 자줏빛 도포를 뒤집어 입고서 고구려 춤을 추었는데, 머리에 띠를 묶고 두 손을 펼치는 동작이 음악과 잘 어울려 함께한 사람들이 모두 즐거워했다는 일화가 전해요. 어사대부는 오늘날의 감사원 같은 감찰 기관의 우두머리를 뜻해요. 높은 관직에 오른 양재사가 고구려 춤을 춘 것으로 보아 당시에 고구려 춤이 당나라 사람들에게 얼마나 인기를 끌었는지를 가히 짐작하고도 남지요.

"중국과 일본에서 인기를 끈 고구려의 음악"

중국 수와 당에서는 황제의 권위를 높이고, 주변 복속국과의 통합과 유대 관계를 강화하기 위해 주변 여러 나라의 음악을 궁중에서 자주 공연했어요. 중국의 전통 음악을 비롯한 주변 여러 나라의 음악을 수에서는 7부기, 9부기, 당에서는 10부기라고 불렀는데, 이들 가운데 하나가 고구려의 음악인 '고려기(高麗伎)'였지요. 수와 당 궁궐에서 고구려 음악을 자주 공연해서 중국 사람들에게 고구려 음악과 춤이 널리 알려진 거예요.

고구려 음악은 중국뿐만 아니라 일본에서도 인기를 끌었어요. 고대 일본의 궁중 음악 가운데 음악 연주에 맞추어 춤을 추는 무악은 중국 음악인 당악과 삼국의 음악인 고려악으로 구성되었어요. 당악과 고려악은 일본에서 궁중과 국가의 여러 중요한 행사에서 함께 공연되었다고 해요. 고려악은 삼국 및 통일 신라, 발해에서 일본에 전래된 음악을 기초로 만들어졌는데 특히 고구려에서 전래된 음악이 중심을 이루었어요.

고구려 사람들은 중국과 서역의 음악을 고구려의 고유 음악과 잘 융합해 국제적이면서도 보편적인 음악으로 만들었기 때문에 고구려의 음악이 중국과 일본 사람들에게 인기를 끌었어요. 국제 문화를 포용하면서도 새로운 문화를 재창조하는 능력이 탁월했던 고구려인들에게 배울 점이 많아 보입니다.

29

지중해
유리병이
어떻게 신라까지
왔을까?

2017년에 고고학자들이 신라의 수도였던 경주 월성 주변을 둘러싼 해자를 발굴하다가 흙으로 빚은 조그만 인형 '토우'를 하나 발견하고는 깜짝 놀랐어요. 터번을 쓴 이란계 소그드인의 모습이었기 때문이지요. 신라 사람들은 어떻게 소그드인의 모습을 흙으로 빚을 수 있었을까요?

소그드인들이 사는 지역을 소그 디아나(Sogdiana)라고 불렀는데, 오늘날 우즈베키스탄 지역과 카자흐스탄, 타지키스탄의 일부 지역을 가리켜요. 소그디아나 지역과 중국 서쪽의 신장 웨이우일 자치구를 합쳐 흔히 '서역(西域)'이라고 부르지요. 서역 사람들은 서양인과 비슷하게 파란 눈과 오뚝한 코가 특징입니다.

경주의 5, 6세기 고분에서 노래를 부르거나 현악기를 연주하는 커다란 코와 깊은 눈을 가진 서역 사람 모습을 한 토우가 발견되었어요. 그러니까 먼 옛날 신라 사람들은 먼 곳에서 온 서역 사람을 모델로 토우를 만든 것이지요. 그런데 서역 사람은 신라에 왜 왔을까요?

고구려의 안악 3호분과 무용총, 각저총, 장천 1호분 벽화에서도 서역 사람을 찾아볼 수 있어요. 안악 3호분 벽화에는 코가 오뚝하고 터번을 쓴 서역 사람이 발을 꼬고 춤추는 모습이 묘사되어 있고, 장천 1호분 벽화에는 서역 사람 아홉 명이 수레와 말을 타고 재주를 부리고 있는 모습이 그려져 있지요.

고구려 고분 벽화에 보이는 서역 사람들은 음악을 곁들여 갖가지 곡예를 부리는 유랑 악단 단원들로 보여요. 노래하거나 현악기를 연주하는 서역 사람 모습을 한 토우를 통해 서역 사람들로 이루어진 유랑 악단이 신라에 와서도 공연했다는 것을 짐작할 수 있어요.

그러면 신라에 서역인 유랑 악단만 왔을까요? 그렇지 않았어요. 유랑 악단과 함께 상인들도 왔을 가능성이 높아요. 서역 상인들은 서역에서 진귀한 물건을 가지고 와서 신라 사람들에게 팔았어요. 경주 황남동 고분에서 발견된 목걸이에 푸른 눈에 흰 피부를 가진 여인의 얼굴이 묘사된 상감 유리구슬이 달려 있어요. 상감 유리구슬은 서역에서 만든 목걸이가 신라에 전해졌음을 알려주는 중요한 증거예요. 호화로운 보석으로 장식된 서역의 황금 보검이 발굴되기도 했고요.

서역에서 신라에 전래된 물건 가운데 가장 많이 발견되는 것은 바로 유리병이에요. 지금까지 신라 고분에서 20여 점의 유리병이 발견되었는데, 성분을 분석한 결과 유리병 대부분이 지중해 동쪽 연안에서 제작된 것으로 밝혀졌어요.

"동서양을 연결한
서역인들"

그러면 서역인들은 어떤 경로로 신라에 왔을까요? 우즈베키스탄의 도시 사마르칸트에 있는 아프라시아브 궁전 벽화에서 고구려 사신들을 발견할 수 있어요. 이들은 7세기 중반, 고구려가 사마르칸트에 위치한 강국(康國)에 보낸 사신들이에요. 당시 고구려의 사신은 중국 동북 지역에서 흑해 연안을 연결하는 초원길을 통해 소그디아나 지역까지 갔다고 알려졌어요. 서역 사람들과 유리병 역시 초원길과 고구려를 거쳐 신라에 왔을 거예요. 물론 비단길을 통해 중국에 이른 다음, 고구려를 거쳐 신라로 왔을 가능성도 있고요.

그런데 유리병이나 황금 보검 같은 물건만 삼국으로 전해진 것은 아니었어요. 서역의 음악이 고구려에 전해졌고, 비파나 피리 같은 서역 악기도 전해져 음악 반주에 널리 쓰였어요.

서역은 동양과 서양의 문화가 만나는 교차로에 위치해 있어요. 고대 우리나라 사람들은 서역 사람들을 통해 간접적으로 서양의 문화를 접했어요. 물론 이들을 통해 고구려와 신라 문화도 중국과 서역에 전해졌고요.

고대 우리나라 사람들은 중국뿐만 아니라 서역과의 활발한 교류를 통해 보편적이면서도 국제적인 성격을 지닌 문화를 발전시켜 나갔답니다.

6장

북쪽에는 발해,
남쪽에는 신라

30

김춘추와 김유신이 나라를 팔았다고?

일제 강점기 때 우리 민족의 주권을 되찾기 위해 애쓴 역사가가 있었는데, 바로 단재 신채호입니다. 신채호는 김춘추는 우리나라에 사대주의라는 나쁜 병균을 전파한 인물 이라 비판했고, 김유신은 고구려와 백제를 당에 팔아먹은 매국노라고 평가했지요. 김 춘추와 김유신은 정말로 일제에 나라를 팔아먹은 이완용 같은 사대 매국노일까요?

 신라 진흥왕의 뒤를 이어 왕위에 오
른 진흥왕의 둘째 아들 진지왕은 음란함
에 빠져 정치를 어지럽혔다며 즉위한 지 4년 만에 진골 귀족들에
게 쫓겨나 죽음을 맞이했어요. 귀족들은 신흥왕의 큰아들 동륜의
아들을 왕(진평왕)으로 추대하고, 쫓겨난 진지왕의 아들인 김용춘
과 손자인 김춘추를 강력하게 견제했어요. 한편, 김유신도 진골
귀족이었지만 금관가야 왕족의 후손이어서 전통적인 신라 진골
귀족들로부터 무시를 당했지요.

진골 귀족들에게 무시당하던 김춘추와 김유신은 합심해서
세력을 키우기로 마음먹었어요. 게다가 김춘추가 김유신의 누이
인 문희와 혼인하면서 두 사람의 관계는 처남과 매부 사이로 발전
했지요. 두 사람은 632년 왕위에 오른 선덕 여왕을 도와 세력을
넓혀 나갔어요.

한편, 김춘추의 사위이자 대야성(경남 합천) 성주 김품석이
642년 8월에 백제에게 성을 빼앗기면서 낙동강 서쪽 옛 가야 지
역을 잃어버리게 되었어요. 이에 김춘추는 정치적인 위기를 돌파

하고자 당시 백제와 한편이던 고구려에 들어가 군사적 도움을 요청했지만, 빈손으로 돌아왔어요. 그다음에는 일본에 가서 도움을 요청했지만 이 역시 실패하고 말았어요. 그러다 648년 중국으로 가서 당 태종과 힘을 합해 고구려와 백제를 정복하기로 약속했는데, 이를 '나·당 동맹'이라고 불러요.

김춘추가 외교 무대에서 활약하는 사이, 나라 안에서는 김유신이 군사적으로 두각을 나타냈어요. 대야성을 빼앗긴 뒤 신라군 총사령관에 임명된 김유신은 백제와의 싸움에서 연전연승을 거두었고, 마침내 648년 4월에 백제로부터 대야성을 되찾았어요. 이때부터 신라군이 백제군을 압도하면서 전세가 신라에게 유리하게 전개되었지요.

김춘추와 김유신이 외교와 군사 분야에서 두각을 나타내자 647년에 진골 귀족을 대표한 비담이 반란을 일으켰어요. 김유신이 비담의 반란을 진압했지만, 이 와중에 선덕 여왕이 사망했어요. 선덕 여왕의 뒤를 이어 사촌 동생인 진덕 여왕이 즉위했는데, 진덕 여왕의 재위 기간 동안 김춘추와 김유신은 권력을 장악하고 국정을 주도해 나갔어요.

654년 진덕 여왕 사망 이후 마침내 김춘추가 왕위에 올랐는데 바로 태종 무열왕입니다. 무열왕은 660년에 당과 함께 백제를 공격해 멸망시켰어요. 이후 신라는 무열왕의 아들 문무왕 때인 668년에 당의 군대와 함께 고구려를 평정했고, 이후 당과도 전쟁을 시작해 마침내 676년 한반도에서 당군을 몰아내면서 삼국 통일을 이루었어요.

신라 사람들은 김춘추와 김유신을 삼국 통일의 영웅으로 숭상했어요. 『삼국사기』를 쓴 김부식 역시 신라 사람들과 생각이 같았어요. 특히 김유신에 대해서는 삼국을 하나로 합치는 공을 세워서 꼴 베고 나무하는 어린아이까지 모르는 이가 없다고 할 만큼 극찬을 아끼지 않았지요. 조선 시대에 사대 외교를 강조한 사대부들도 김춘추와 김유신을 사대 외교의 모범적 실천자로 추앙했습니다.

"영웅일까, 매국노일까?"

그런데 불행하게도 우리나라는 일제의 침략을 받아 식민지가 되고 말았어요. 일제 강점기 때 신채호를 비롯한 민족주의 역사가들은 외세 의존적인 사대주의에 대해 신랄하게 비판했어요. 그러니 외세를 끌어들여 같은 민족인 백제와 고구려를 멸망시킨 신라의 행위에 대해서도 부정적으로 바라볼 수밖에 없었지요. 동일한 맥락에서 나·당 동맹을 체결한 주인공인 김춘추와 당의 군대와 힘을 합쳐 백제와 고구려 평정에 공을 세운 김유신, 이 두 사람에 대해서도 사대 매국노라고 비난할 수밖에 없었고요.

그러면 정말로 김춘추와 김유신은 사대 매국노였을까요? 신라 사람의 입장에서 보면, 김춘추와 김유신은 영토를 크게 넓히고 삼국을 하나로 합쳐 평화로운 시대를 연 영웅이었어요. 오늘날의 관점에서 보면, 신라가 삼국을 통일함으로써 우리 민족이 하나로 융합하여 발전할 수 있는 계기가 마련되었다고 이해할 수 있고요. 다른 한편으로는 신라의 삼국 통일 결과, 고구려 주민의 대부분과 만주 영토를 잃어버리는 계기가 되었다는 아쉬움도 있습니다.

두 가지 관점 가운데 어느 것을 더 중요하게 여기는가에 따라 김춘추와 김유신에 대한 평가는 달라져요. 여러분은 어떤 관점에서 김춘추와 김유신을 평가하고 싶은가요?

31

의자왕 때문에 백제가 망한 걸까?

의자왕 하면 뭐가 가장 먼저 떠오르나요? 낙화암에서 몸을 던졌다는 삼천 궁녀가 가장 먼저 생각나지요? 조선 시대의 왕 세종이 의자왕이 술을 좋아해서 백제가 망했다고 말했을 정도로 의자왕은 방탕했다고 전해요. 그러면 의자왕이 궁녀를 삼천 명이나 둘 정도로 음란하고, 술을 너무 좋아해서 백제가 망한 걸까요?

 백제의 31대 왕이자 마지막 왕인 의자왕은 641년에 백제 무왕의 뒤를 이어 왕위에 올랐어요. 의자왕은 태자 시절에는 부모를 효성으로 섬기고 형제간에 우애가 돈독해서 해동의 증자라고 칭송받았어요. 증자는 공자의 제자로, 효성이 지극한 효자였어요.

무왕과 의자왕 때 백제는 554년 관산성(충북 옥천) 전투에서 신라군의 손에 죽음을 맞이한 성왕의 원수를 갚는 것이 소원이었어요. 무왕 때 신라를 몇 차례 공격해 승리를 거두었고, 의자왕도 즉위 이후 신라를 대대적으로 공격했어요. 그 결과 642년에는 신라의 서쪽 변경에 있는 40여 개의 성을 빼앗았고, 그해 8월에는 대야성과 낙동강 서쪽의 옛 가야 지역까지 획득했어요. 백제 사람들은 마침내 관산성 전투에서 당한 치욕을 갚았다며 의자왕을 존경해 마지않았지요.

그런데 650년대에 들어 의자왕은 변하기 시작했어요. 『삼국사기』에 따르면 의자왕은 궁녀와 음란함에 빠져 마음껏 즐기고 술 마시기를 그치지 않았다고 전해요. 의자왕이 정사를 제대로 돌

보지 않자 백제가 망한다는 소문이 마구잡이로 떠돌았고, 시장에서 갑자기 여러 사람이 죽거나 이유 없이 재물을 잃어버리는 괴변이 나타나기도 했어요. 백제의 조정이 민심을 잃어 이 같은 헛소문이 널리 퍼져 나갔을 거예요.

『일본서기』에는 '백제는 스스로 망했다. 요사스러운 임금의 부인이 무도하여 나라의 권세를 멋대로 빼앗아 어진 사람들을 죽였기 때문에 화를 부른 것이다'라고 전해요. 왕비 은고의 친척인 좌평 임자가 백제의 정사를 책임졌다는 기록을 통해 당시에 은고의 친정 세력이 권력을 마구 휘둘렀다는 것을 알 수 있어요.

조정에는 은고와 친정 세력에게 아부하는 관리만 득신대고 의자왕은 주색잡기에 빠진 상황에서 백제의 정치는 점점 더 어지러워졌고, 잦은 자연재해와 지배층의 과도한 수취로 인해 백성들의 생활은 더욱 곤궁해졌어요. 이런 상황에서 의자왕은 바른 말을 하는 충신 성충과 흥수마저 내쳤어요. 성충은 의자왕의 사치와 향락을 비판하다가 감옥에 갇혀 굶어 죽었고, 흥수는 멀리 유배되어 귀양살이를 했어요.

한편, 642년에 백제에게 대야성을 빼앗긴 신라는 커다란 위기를 느꼈어요. 신라는 대야성 함락의 치욕을 갚기 위해 당과의 연합을 모색했어요. 645년에 고구려를 정벌하려다 실패한 당은 이후 신라와 연합해 고구려를 정벌하기로 했어요. 마침내 신라의 김춘추와 당 태종이 648년에 고구려와 백제를 정벌하기로 약속하고 국력이 약한 백제를 먼저 정벌하기로 결정했어요. 신라와 당은 호시탐탐 백제 정복의 기회를 엿보고 있다가 백제가 혼란에 빠지자 660년 백제를 공격해 멸망시킨 것입니다.

"의자왕은 당과 신라의 의도를 꿰뚫어 보지 못해"

의자왕의 방탕한 생활이 백제를 멸망의 길로 인도한 것은 부정할 수 없습니다. 그러나 이것 하나만으로 백제가 멸망하지는 않았을 거예요. 왕비 친정 세력의 국정 농단에 따른 정치적 혼란과 고구려를 정벌해 동아시아 최강자가 되려고 한 당의 야욕, 대야성 함락의 치욕을 갚기 위한 신라의 적극적인 공세 등이 백제 멸망의 또 다른 원인이지요.

의자왕은 자신의 실정 때문에 백제가 망했다는 말을 들으면 좀 억울하다고 호소할 수도 있어요. 더군다나 삼천 궁녀를 거느리고 주색에 빠진 폭군이었다는 평가에 대해서도 변명할 거리가 없지 않고요.

백제가 망할 때 의자왕의 후궁들이 '차라리 자결할지언정 남의 손에 죽지 않겠다'며, 낙화암에서 강물에 몸을 던진 것을 두고 조선 시대에 김흔이라는 사람이 낙화암에서 삼천 궁녀가 몸을 던졌다는 시를 썼어요. 그 이후부터 사람들은 의자왕이 삼천 궁녀를 거느렸다고 믿게 된 것이거든요.

그럼에도 국제 정세를 정확하게 꿰뚫어 보는 안목의 부재와 지배층의 화합과 단합을 이끌어 내는 정치력과 리더십의 부재로 인해 백제의 종묘사직을 보존하지 못한 의자왕의 죄는 용서받기 힘들겠지요.

32

우리 땅에
있으면
우리 역사?

오늘날 발해 사람이 다시 태어난다면, 어느 나라의 국적을 취득해야 할까요? 무척이나 헷갈릴 거예요. 왜냐하면 지금 한국과 중국, 러시아가 서로 발해의 역사가 자기네 나라 역사에 속한다고 주장하고 있기 때문입니다.

 발해는 고구려보다 더 넓은 영토를 차지한 나라였어요. 오늘날 발해 영토는 대부분 중국에 속하지만, 한반도 북부 지역과 러시아 연해주도 발해의 영토였어요. 한국과 중국, 러시아가 모두 발해사를 자기 나라의 역사라고 주장하는 근거는 바로 여기에 있습니다.

지금 중국은 중국 영토에 있던 여러 종족의 역사를 모두 중국사에 편입시키고 있어요. 발해 역시 과거에 중국 영토에서 말갈족이 세운 국가이니 중국사에 속한다고 주장하는 것이지요. 중국은 공식적으로 발해를 '당 시기에 속말말갈족이 주체가 되어 동북 지방에 세운 지방 봉건 정권이다'라고 규정하고 있어요. 같은 관점에서 부여와 고구려 역시 중국사에 속한다고 주장해 우리나라 사람들이 강력하게 반발하고 있습니다.

러시아 역사가들도 발해사를 러시아의 먼 동쪽에 살던 소수 민족인 말갈족의 역사라고 하면서 발해사가 과거 러시아 역사의 한 부분을 차지한다고 주장하고 있어요. 그들은 발해는 중국과 별개의 독립 국가로, 중국보다는 중앙아시아나 남부 시베리아로부터 영향을 받아 문화를 발전시킨 나라라고 강조하고 있습니다.

"발해는 고구려 유민이 세운 나라"

그러면 발해사를 우리 역사라고 보는 근거는 무엇일까요? 대조영은 고구려의 지배를 받던 '속말말갈족'이었어요. 속말말갈족은 속말수 유역에 거주하던 말갈족을 가리켜요. 속말수는 백두산 천지에서 발원해 북쪽으로 흐르는 쑹화강을 이릅니다. 속말말갈은 대조영의 아버지 걸걸중상 때 고구려에 복속되었어요. 고구려 말기 속말말갈족은 종족상으로는 말갈족이지만, 국적은 고구려인 것이지요.

지금까지 알려진 발해 사람 가운데 이름이 알려진 인물은 380명 정도예요. 이 가운데 발해 왕족의 성인 대씨가 117명, 고구려 왕족인 고씨가 63명이고, 이 밖에 고구려 유민의 성씨를 가진 사람이 다수를 차지해요. 그러니까 발해의 지배층은 고구려 유민이 중심이었다는 걸 알 수 있어요.

발해의 지배층 다수가 고구려 유민이었다는 사실은 고고학 자료를 통해서도 증명됩니다. 발해 초기에 지배층의 무덤은 고구려 양식을 계승한 돌방무덤이었고, 발해 궁궐터에서 고구려의 전통을 계승한 방 한쪽에만 구들을 설치한 온돌인 '쪽구들'이 발견되었어요. 기와 문양과 불상 양식도 고구려의 영향을 받은 것이 많이 발견됩니다.

발해가 고구려의 옛 지역에서 건국되었고, 고구려 유민이 지배층의 중심을 이루었기 때문에 발해 사람들 스스로 발해는 고구려를 계승한 국가라고 주장했어요. 발해에서 일본에 사신을 파견할 때 국호를 발해가 아니라 고려(고구려)라고 사용했어요. 일본에서도 발해에 파견한 사신을 '고려(고구려) 사신'이라고 불렀고요. 신라 사람인 최치원도 과거의 고구려가 발해가 되었다고 주장했고, 고려의 태조 왕건 역시 발해가 고구려를 계승한 나라라고 하면서 발해 유민들을 적극 포용했어요.

우리나라 역사가들은 발해 사람들 스스로가 발해는 고구려를 계승한 국가라고 인식했을 뿐만 아니라 일본과 신라, 고려 사람들도 그렇게 인식했다는 사실을 근거로 발해사는 한국사에 포함되어야 한다고 주장합니다.

여러분은 중국과 러시아, 우리나라 역사가들 주장 가운데 어느 것이 가장 타당하다고 생각하세요? 당연히 우리나라 역사가들의 견해가 가장 타당하다고 생각되지요? 하지만 앞으로도 발해사가 어느 나라 역사에 속하는가에 대해서는 논쟁이 끊이지 않고 계속될 것으로 보입니다. 언제쯤 다시 태어난 발해 사람이 편안하게 자신의 국적을 선택할 수 있는 날이 올지 궁금하답니다.

33

여왕 때문에
신라가
망했다고?

기원전 57년에 건국된 신라는 935년에 56대 왕인 경순왕이 고려에 항복하면서 역사에서 사라졌어요. 신라가 존속한 기간이 992년이나 되었기 때문에 흔히 천년 왕국이라고 부르기도 해요. 그런데 신라가 멸망하게 된 이유가 신라의 마지막 왕인 경순왕이 아니라 51대 진성 여왕(재위 887~897) 때문이라는 주장이 있어요. 정말 진성 여왕 때문에 신라가 망한 걸까요?

 진성 여왕은 48대 경문왕의 딸로, 이름은 김만(金曼)이에요. 만의 큰 오빠는 49대 헌강왕(재위 875~886)이고, 둘째 오빠는 50대 정강왕(재위 886~887)입니다. 정강왕은 왕위에 오른 지 1년 만에 세상을 떴는데 죽기 전에 '나는 불행하게도 왕위를 이을 자식이 없다. 누이 만은 총명하고 민첩하며 뼈대는 남자와 비슷하니, 경들은 마땅히 선덕 여왕과 진덕 여왕의 옛일을 본받아 누이를 왕위에 세우는 것이 좋겠다'고 유언했어요. 이에 신료들은 정강왕의 유언을 받들어 김만을 왕으로 추대했지요.

보통 신라의 시기를 나눌 때 건국부터 29대 태종 무열왕이 왕위에 오르는 654년 이전을 상대, 태종 무열왕 즉위부터 780년 36대 혜공왕이 죽을 때까지를 중대, 혜공왕 다음에 즉위한 선덕왕 때부터 신라가 멸망할 때까지를 하대라고 불러요.

신라는 하대에 들어서면서 귀족들 사이에 왕위 계승 분쟁이 자주 일어나 정치적으로 혼란했어요. 게다가 잦은 자연재해와 지배층의 과도한 수취로 인해 농민들의 생활이 곤궁해져 도적이 벌

떼처럼 일어나는 일이 많아셨습니다.

　진성 여왕의 아버지인 경문왕과 오빠 헌강왕이 왕위에 올랐
을 때는 나름대로 정치를 잘해서 사회가 어느 정도 안정을 되찾았
다고 해요. 그러나 이때에도 농민들은 계속해서 고통을 받았고,
지배층의 과도한 수취도 여전히 지속되었지요. 그러다가 정강왕
이 즉위하면서 농민들의 불만은 폭발하기 시작했어요. 당시의 상
황을 기록한 자료에 따르면 '정강왕 때 천재지변 등으로 말미암아
재앙이 닥쳐 지내기가 몹시 힘들고 고생스러웠다. 당시 왕실의 위
태롭기가 달걀을 쌓아 놓은 것과 같았고, 전국 곳곳마다 전쟁으로
불이 나서 연기와 먼지가 자욱했다'고 합니다.

　정강왕은 삼국 통일의 기틀을 다진 선덕 여왕과 진덕 여왕처
럼 누이동생이 분위기를 크게 쇄신해 나라를 위기에서 구할 것이
라고 믿었지요. 하지만 진성 여왕은 오빠의 믿음을 배반하고 나라
를 더 위태롭게 만들고 말았어요.

　진성 여왕은 왕위에 올라 죄인을 풀어 주고, 향가를 수집해서
『삼대목』을 편찬하게 했어요. 주와 군의 조세를 1년 동안 면제해
주어 나라를 안정시키려고 노력했고요. 하지만 왕이 되기 전부터
관계를 맺고 있던 삼촌이자 각간인 위홍이 888년에 죽자, 젊은 남
자들을 궁으로 몰래 끌어들였어요. 게다가 그들에게 높은 관직을
주어 나라의 정치까지 맡겼지요. 그러면서 왕에게 아부해 총애를
받은 사람들이 마음대로 권력을 휘둘러 뇌물과 청탁이 공공연하

게 행해지고, 상과 벌이 공정하지 못하게 되면서 나라의 기강이 크게 무너졌습니다. 백성들의 생활도 더욱 어려워졌지요.

마침내 재위 3년 만인 889년 국가 재정이 거덜 나면서 관리들에게 세금을 더 거두라고 독촉하자, 세금을 낼 수 없는 처지의 농민들은 도적이 되어 벌 떼처럼 일어났어요. 이때부터 신라의 정국은 큰 혼란에 휩싸였고, 통치 체제는 거의 와해되기에 이릅니다. 이에 진성 여왕은 897년에 왕위를 조카인 효공왕에게 물려주고 물러나지만, 이때부터 신라 왕조는 급격하게 쇠락의 길을 걷게 됩니다.

"여왕이어서가 아니라 역량과 상황이 어우러져"

고려와 조선 시대에는 남존 여비 사상이 팽배했어요. 그래서 여자인 진성 여왕이 왕위에 올라 나라가 어지러워졌다고 생각했지요. 사실 고대 사회에서는 군주 개인의 정치적 역량이 때로 국가의 안위에 커다란 영향을 미쳤음을 종종 볼 수 있어요. 특히 군주가 사치와 향락에 빠져 정사를 제대로 돌보지 않거나 또는 연약한 성격을 가졌을 경우 나라를 위태롭게 만들었어요. 그렇다고 군주가 여자이기 때문에 나라가 어지러워졌다고 인식하는 것은 지나친 성에 대한 편견에 불과합니다.

신성 여왕의 실성이 신라 왕조가 쇠락의 길로 나아가는 데 일조했다는 사실은 부인할 수 없지만, 결정적인 원인이었다고 말하기는 어려워요. 왜냐고요? 골품제라는 폐쇄적인 신분제에 대한 불만과 지배층 전반의 무절제하고 과도한 수취에 따른 사회적·경제적 불평등의 심화, 공정한 수취를 방해하는 여러 가지 제도적 장치, 백성들을 괴롭히는 각종 자연재해, 그리고 지배층의 반목과 대립 및 군주의 무능과 방탕한 생활 등이 모두 복합적으로 작용하면서 신라가 멸망의 길로 나아갔기 때문입니다.

견훤과 궁예가
실패한 이유는?

천년 왕국 신라의 명운이 다할 무렵, 두 명의 영웅이 바람처럼 나타났다가 이슬처럼 사라졌어요. 한 사람은 후백제를 건국한 견훤이고, 또 한 사람은 후고구려를 세운 궁예입니다. 그러면 두 사람은 왜 후삼국 통일의 주인공이 되지 못하고, 비운의 영웅이 되었을까요?

 견훤은 경북 상주에서 농사를 짓다가 호족으로 성장한 아자개의 아들로 태어났어요. 쉽게 말하면 농민의 아들인 셈이지요. 그런데 당시에 농민 출신은 폐쇄적인 신분제인 골품제 때문에 관리로 나아가 출세할 수 없었어요. 그래서 견훤은 군대에 들어가 출세하기로 마음먹었지요.

견훤은 군대에서 뛰어난 능력을 발휘하며 오늘날 영관급 장교에 해당하는 비장으로 승진했어요. 그러다가 농민들이 봉기하자 군대를 나와 전라도 지역에서 농민들을 규합했고, 892년에 무진주(광주)를 점령하며 세력을 키워 나갔어요. 마침내 900년에는 완산(전주)을 도읍으로 삼아 후백제를 건국했어요. 이때 견훤은 660년에 나·당 연합군에 의해 망한 백제의 원한을 갚기 위해 나라를 세웠다고 주창해 백제 유민의 열렬한 지지를 이끌어 냈답니다.

궁예는 47대 헌안왕 또는 48대 경문왕의 서자로 태어났다고 알려졌어요. 태어나자마자 버림을 받고 한동안 세달사라는 절에

들어가 승려 생활을 했지요. 신라 말, 전국에서 농민들이 봉기하자 궁예는 승려 생활을 그만두고 죽주(경기도 안성 일대)의 도적 기훤에게 의탁했다가 얼마 뒤 북원(원주)에서 활동하는 도적 양길의 부하가 되었지요.

궁예가 양길이 나누어 준 군사를 이끌고 강원도 북부와 황해도, 경기도 지역에 진출하니 곳곳에서 농민과 도적들이 궁예에게 합세했다고 해요. 899년에는 양길이 지휘하는 군사마저 물리치고 충북 지역까지 진출했고, 옛 고구려 지역을 대부분 차지했어요. 궁예는 901년에 송악(개성)을 도읍으로 삼아 후고구려를 건국하고, 고구려 부흥 운동을 주창했어요.

궁예는 신라에게 버림받은 원한 때문에 철저한 반신라 정책을 폈어요. 궁예는 신라를 멸망시켜야 하는 나라라는 뜻인 '멸도'라고 부르게 했고, 신라에서 후고구려로 넘어오는 사람들을 모두 죽였어요. 또 스스로를 미륵불이라고 이르면서 상대방의 마음을 읽어 내는 미륵 관심법으로 자기에게 반대하는 정적들을 무참하게 제거했어요. 궁예가 포악무도하게 권력을 마음대로 휘두르자, 918년에 왕건을 앞세운 무장 세력이 정변을 일으켰어요. 궁예는 궁궐에서 도망 나왔다가 백성들에게 살해되었고, 그 뒤 왕건은 고려를 건국하게 됩니다.

한편, 927년에 후백제군은 신라의 수도인 경주를 기습 공격해서 고려 편에 선 신라 55대 경애왕을 윽박질러 자살하게 만들고, 왕비와 후궁들을 강제로 욕보였어요. 이후 신라의 민심이 후백제에 등을 돌리게 됩니다. 게다가 견훤이 넷째 아들인 금강을 후계자로 삼으려고 하자, 935년에 첫째 아들 신검 등이 정변을 일으켰어요. 이들은 견훤을 폐위시키고 금산사에 가두었어요. 견훤은 탈출한 뒤 왕건에게 가서 항복하고, 불효자인 신검이 다스리는 후백제를 정벌할 것을 건의했어요.

계속되는 후백제의 침공으로 더 이상 버틸 힘이 없어진 신라의 56대 경순왕은 나라를 고려에 넘기기로 결심하고 왕건에게 항복합니다. 이후 왕건은 강릉 호족인 김순식의 도움을 받아 936년, 일리천(경북 구미 낙동강 인근)에서 후백제군을 크게 물리치고 마침내 후삼국을 통일하게 됩니다.

"신라와 친한
고려를 지지해"

신라는 국력이 크게 약해져 있어서 신라가 다스리던 경상도 지방에서는 독자적인 세력을 가진 호족이 크게 성장하게 됩니다. 그러면서 한반도의 패권은 경상도 지역 호족들이 어느 나라를 지지하느냐에 따라 좌우되었지요.

견훤과 궁예는 신라 정부에 적대적인 농민들을 기반으로 세력을 키웠기 때문에 반신라 정책을 펼 수밖에 없었어요. 이 때문에 그들은 신라 호족들의 지지를 받기 어려웠어요. 반면 궁예를 제거하고 고려를 세운 왕건이 친신라 정책을 펴자 신라 호족들은 대거 왕건에게 항복했고, 그러면서 고려가 후삼국 통일의 기틀을 다질 수 있었답니다.

7장

문화의
꽃을 피우다

성골

진골

6두품

골품제에는
집 크기까지
정해져 있어?

신라 진평왕 때 설계두라는 사람이 "신라에서는 사람을 등용하는 데 골품을 따지기 때문에 진실로 그 족속이 아니면 그 한계를 뛰어넘을 수 없다."고 했어요. 설계두는 6두품이었고, 위 글에 나오는 '족속'은 진골을 뜻해요. 설계두는 당의 군대에 들어갔다가 645년 안시성 전투에서 전사했어요. 설계두는 왜 골품제에 대해 불만을 가졌을까요?

골품제는 신라의 신분제로, 성골과 진골, 6~1두품 신분으로 이루어졌어요. 진골은 김씨와 박씨 왕족 중심이었지요. 신라의 수도에 자리 잡은 6부 출신 가운데 국가로부터 아찬 이하의 관등을 수여받은 사람들은 6~4두품 신분에, 나머지 6부의 주민들은 3~1두품 신분에 편제되었어요. 수도 바깥의 지방 출신은 지배층이라도 골품의 편제 대상에서 제외되었어요.

성골(聖骨)은 진흥왕의 맏아들이자 진평왕의 아버지인 동륜 태자의 직계 자손들이 자신들을 '진골보다 더 신성한 골족'이라는 뜻인 성골이라고 칭하고, 성골만 왕위를 계승할 수 있다는 원칙을 만든 것으로 보고 있어요. 그런데 진덕 여왕의 사망 이후 성골 여자마저 없게 되자 진골 신분인 김춘추가 왕위를 잇게 되었고, 그 뒤로 마지막 왕인 경순왕까지 진골이 왕위를 계승하게 됩니다. 삼국 통일 이후 3~1두품은 일반 평민과 같은 대우를 받았기 때문에 의미를 상실했어요.

신라 정부에서는 6두품 신분에 이, 최, 배, 손, 설씨 성을 내려 주었어요. 자식은 부모의 신분을 그대로 세습했지요. 통일 신라 때에는 진골이 낮은 신분의 여자를 첩으로 삼기도 했는데, 그런 경우 자식은 어머니 신분을 따랐어요. 예전에는 골품제가 법흥왕 때 성립되었다고 보았으나 최근에는 진평왕 또는 진덕 여왕 때 완성되었다고 봅니다.

골품제의 규정에 따르면, 신라의 17관등 가운데 5등(대아찬) 이상은 진골만 승진할 수 있었어요. 6두품은 6등(아찬)까지 승진할 수 있었고, 5두품은 10등(대나마)까지, 4두품은 12등(대사)까지 승진할 수 있었지요. 또 중앙 행정 관서의 장관은 5등 이상의 관등을 받은 사람만 임용될 수 있었고, 차관은 주로 6~9등 사이 관등을 받은 사람만 취임할 수 있다고 규정했는데 결국 장관은 진골만, 차관은 진골과 6두품만 취임할 수 있었던 것이지요.

"신분이 낮으면 말은 두 마리만"

이 같은 규정을 만든 목적은 최고 신분인 진골이 중요한 관직을 독차지하면서 배타적인 특권을 계속 누리기 위해서였어요. 나머지 신분은 관등의 승진에 제한을 받았을 뿐만 아니라 일상생활까지 제약을 받았지요. 골품에 따라 방의 크기나 마구간의 규모까지 달라졌어요. 진골은 마구간의 규모에 제한을 두지 않는 반면, 6

두품은 5마리, 5두품은 3마리, 4두품은 2마리, 평민도 2마리를 넣을 수 있는 크기의 마구간을 만들도록 했어요. 이 밖에 골품에 따라 평상시에 사용하는 그릇, 입는 옷과 머리에 쓰는 관의 재질, 빗과 비녀, 소가 끄는 수레의 장식에 이르기까지 세세하게 규정하는 법령이 존재했답니다.

골품에 편제된 사람들만 관리로 채용했기 때문에 평민은 아무리 능력이 뛰어나도 관리가 될 수 없었어요. 6~4두품도 승진에 제한을 받았고요. 삼국 통일 이후 고구려와 백제 유민이 신라의 백성으로 편입되었지만, 지방 출신과 마찬가지로 절대 다수가 골품에 편제되지 못했어요. 따라서 시간이 지날수록 지방민과 고구려·백제의 유민, 그리고 6~4두품의 불만이 높아졌지요.

신라 말기에 전국 곳곳에서 농민들이 봉기를 일으키자, 고구려와 백제 유민은 고구려와 백제 부흥 운동에 적극 동참했어요. 6~4두품 가운데 일부도 신라에 등을 돌리고 후백제와 고려에 동조했고요. 고려가 후삼국을 통일한 이후 폐쇄적인 신분제인 골품제는 영원히 사라졌답니다.

36

염불만
외우면 된다고?

신라에서 한자의 뜻과 음을 우리말로 표현하는 이두를 정리해 유교 경전의 보급에 크게 기여한 유학자는 누구일까요? 바로 설총입니다. 설총의 아버지는 유명한 승려인 원효 대사지요. 승려가 혼인하고 아이를 낳으면 계율을 어긴 것인데, 이렇게 계율을 어긴 승려를 파계승이라고 불러요. 그런데 원효는 왜 파계승이 되었을까요?

 **원효는 진평왕** 때인 617년에 신라의 압량군(경북 경산) 불지촌 밤나무골에서 태어났어요. 일찍이 출가해 법명을 원효(元曉)라고 지었답니다.

661년 원효는 의상과 함께 새로운 불교 사상을 배우려고 중국 유학을 가는 도중, 밤을 지내러 동굴에 들어갔다가 바가지에 담긴 물을 마셨어요. 그런데 다음 날 아침, 바가지에 담긴 물이 사실은 해골에 담긴 물이었다는 것을 알게 된 순간 갑자기 구역질이 몰려왔어요. 이 일을 통해 원효는 '모든 것은 마음먹기에 달렸다'는 진리를 깨닫고 다시 신라로 돌아왔어요.

그 뒤로 원효는 시장 통에서 불교를 전파하면서 '누가 자루 없는 도끼를 빌려준다면, 내가 하늘을 떠받들 기둥을 베어 오련만'이라고 노래를 지어 불렀어요. 이 노래를 전해 들은 태종 무열왕은 '자루 없는 도끼'는 과부를, '하늘을 떠받들 기둥'은 임금을 보좌할 현인을 가리킨다고 생각해 남편을 잃고 홀로 지내는 자신의 딸 요석 공주와 원효를 연결시켜 주었어요. 두 사람은 서로 만나 사랑을 하게 되어 설총을 낳은 것이지요.

설총을 낳은 원효는 혼인을 해서는 안 된다는 불교의 계율을 어기게 되었어요. 이 때문에 승려를 그만두고 속세로 돌아와 스스로를 소성거사라고 부르며 일반 대중들에게 불교를 널리 전파하는 데 온 힘을 기울였어요.

삼국 통일 이전까지는 부처님의 깨달음을 얻으려면 불교 경전을 읽고 어려운 교리를 알아야 한다고 생각했어요. 그런데 당시 백성들은 한자를 몰라 경전을 읽을 수도 없고, 어려운 교리를 이해하기도 어려웠지요. 이 때문에 삼국 시대에는 왕과 귀족, 지배층만 불교를 제대로 이해하고 믿을 수 있었어요.

"어려운 경전은
안 읽어도 돼"

하지만 원효는 경전을 읽지 않고 어려운 교리를 몰라도 '나무아미타불'만 열심히 염불하면서 부처님을 돈독하게 믿으면, 내세에 아미타불의 구원을 받아 극락세계에 다시 태어날 수 있다고 가르쳤어요. '나무아미타불'이란 아미타불에 돌아가 의지한다는 뜻

의상 대사
진골 가문에서 태어난 의상은 당 유학을 다녀와 왕실의 지원을 받으며 부석사를 짓고 많은 제자를 길러냈다. 중국에서 통합 불교를 지향한 화엄종을 들여와 보급에 애썼고, 삼국간 치열하게 벌어진 전쟁의 고통에서 백성들이 벗어날 수 있도록 도움을 요청할 때 구원의 손길을 내민다는 관음 신앙을 널리 퍼뜨렸다.

이에요. 이 같은 불교 신앙을 '아미타 정토 신앙'이라고 부릅니다.

원효는 우연히 광대가 춤출 때 사용하는 커다란 박을 얻었어요. 그런데 그 생김새가 진귀하고 기이해 그 형상 그대로 도구를 만들어 '일체 막히거나 거칠 것이 없다'는 뜻인 '무애'라고 이름 지었어요. 그러고는 이것을 가지고 전국 곳곳을 찾아다니며 노래 부르고 춤추며 불교를 전파했다고 해요.

원효는 대중들을 교화하기 위해 파격적인 행동도 서슴지 않았어요. 예를 들어 어부를 교화하려고 물고기를 먹기도 하고 술꾼을 교화하려고 술을 마셨어요. 특히 절의 노비나 짚신 장수, 화전민 같은 피지배층에 대해 애정을 가지고 그들과 적극적으로 접촉하며 불교를 퍼뜨렸어요.

원효가 살던 시대는 삼국의 계속되는 전쟁으로 민중들이 커다란 고통을 당하던 때였어요. 그들은 원효의 가르침을 받고 부처님을 열심히 믿어서 마음의 위안을 찾았다고 해요. 고려 시대 때 일연은 『삼국유사』에서 가난하고 무지몽매한 사람들까지 모두 부처를 알게 된 데에는 원효의 공이 지대했다고 평가했어요. 지금까지 불교의 교리를 전혀 모르는 사람들도 '나무아미타불'을 염불하면서 부처를 믿게 되는 것도 모두 원효 대사 덕분이에요.

원효는 불교를 대중에게 전파하는 데 앞장섰을 뿐만 아니라 불교 교리의 발달에도 크게 기여했어요. 평생 150여 권에 달하는 방대한 분량의 불교 책을 썼고, 지금까지 20여 권이 남아 전하고 있어요. 이 가운데 『대승기신론소』와 『금강삼매경론』은 중국과 일본 불교학계에까지 커다란 영향을 끼쳤어요. '한마음(一心)'을 강조하며 대립되는 불교 교리의 화해와 조화를 강조한 내용을 담은 『십문화쟁론』은 당대에 인도에까지 전해져 산스크리트어로 번역되었어요. 그래서 지금의 역사학자들도 불교의 대중화에 앞장섰을 뿐만 아니라 불교 교리의 발달에도 크기 기여한 원효 대사를 우리나라 사상가 가운데 가장 으뜸으로 꼽을 정도랍니다.

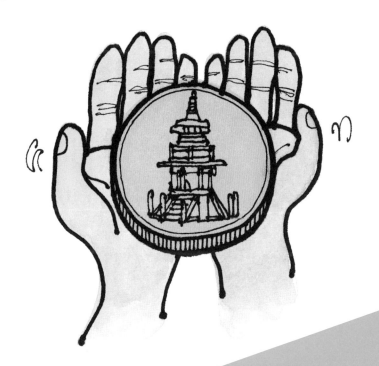

경주
불국사에는
무슨 뜻이 있을까?

우리나라 사람들이 기고 싶은 여행지로 꼽는 곳 가운데 하나가 바로 신라의 수도였던 경주예요. 그럼 경주에서 사람들이 가장 많이 찾는 유적지는 어디일까요? 뭐니 뭐니 해도 불국사가 아닐까요? 그런데 신라 사람들은 절 이름을 왜 '부처의 나라'란 뜻인 불국사라고 지었을까요?

 불국사(佛國寺)는 두 번 태어났다고 전해지는 인물 '김대성'이 현세의 부모를 위해서 지은 절이에요. 원래 김대성은 가난한 과부인 경조의 아들로 태어났어요. 그런데 대성이 부잣집에 품을 팔고 받은 약간의 땅을 흥륜사에 시주하고는 얼마 뒤에 갑자기 세상을 떠났어요. 그러고는 다시 재상 김문량의 아들로 태어났다고 전해져요. 김대성은 751년부터 불국사를 짓기 시작했는데 774년 12월에 절을 다 짓지 못하고 세상을 떠나자 그 뒤에 나라에서 맡아 완성했다고 전합니다.

지금 불국사의 경내는 돌로 쌓은 석축으로 크게 구분되어 있어요. 석축의 위쪽은 불국토(부처의 나라)를, 석축의 아래쪽은 일반 중생들의 세계를 상징해요. 그리고 두 세계를 연결해 주는 다리가 바로 푸른 구름과 흰 구름이라는 뜻을 지닌 청운교와 백운교예요. 다리를 지나면 불국토로 들어가는 문이 있는데, 이 문의 이름은 붉은 안개가 서린 문이라는 뜻의 '자하문'입니다. 자하문은 세속의 모든 무지와 어리석음을 떨쳐 버리고 부처의 나라에 들어가는

관문이라는 뜻을 담고 있어요.

자하문을 지나면 두 개의 탑이 우뚝 서 있어요. 하나는 과거의 부처인 다보여래를 상징하는 다보탑이고, 다른 하나는 석가모니 부처를 상징하는 석가탑(불국사 3층 석탑)이지요. 다보탑은 복잡하고 화려하면서도 균형 잡힌 구조가 특징적이고, '무구 정광 대다라니경'이 발견된 석가탑은 단순한 아름다움을 지닌 삼층탑이랍니다.

두 탑을 지나면 대웅전과 무설전이 나타납니다. 대웅전은 석가모니 부처를 모셔놓은 금당이고 무설전은 설법을 하거나 불교 의식을 거행하는 강당이에요. 이밖에도 극락전과 관음전, 비로자나불을 모신 비로전이 있어요. 이런 불국사의 건물들은 법화 신앙과 아미타 정토 신앙, 화엄 신앙, 관음 신앙 등 다양한 불교 신앙이 조화롭게 융합되어 있는 이상적인 불국토를 형상화한 것이에요. 신라 사람들은 인도와 마찬가지로 신라도 불국토이고, 수도인 경주는 불국토의 중심이라고 생각했어요.

"부모를 위해 지은 최고의 건물들"

석굴암은 김대성이 전생의 어머니를 위해 지은 인공 석굴 사원이에요. 석굴암은 네모난 앞방과 둥근 뒷방으로 구성되어 있는 네, 뒷방에 본존불을 모시고 그 수위에 보살과 여러 제자를 조각해 배치했지요. 석굴암 본존불은 신라 사람이 생각한 가장 이상적인 모습을 형상화한 것이에요. 석굴 안에 새겨진 다양한 조각들은 중앙의 본존불을 중심으로 완벽한 통일과 조화를 이루고 있어서 불교의 이상적인 세계를 재현한 것으로 보고 있어요.

석굴암은 조선 시대까지 지어질 당시의 원형 모습을 대체로 간직하고 있었어요. 습기의 피해를 받지 않도록 과학적으로 만들어 천 년 이상 무너지지 않고 보존될 수 있었지요. 그런데 일제 강점기 때 수차례 복원 공사를 하는 과정에서 석굴암이 훼손되었어요. 더구나 둘레를 시멘트로 막은 탓에 석굴암 스스로 습기를 제거하는 능력이 사라져 버렸어요. 그 뒤로 내부에 습기가 차기 시작해 지금은 인위적인 환기 장치를 만들어 습기를 제거하고, 앞방과 뒷방 사이에 유리벽을 설치해 보호하고 있는 실정입니다.

석굴암은 신라 사람들이 상상한 불교의 이상 세계를 구현한 곳인 데다 과학적으로 지어져 천 년의 세월 동안 무너지지 않고 그대로 보존되어 왔어요. 그 덕분에 통일 신라의 문화와 과학의 힘, 종교적 열정의 결정체로 우리 민족의 문화유산 가운데 가장 으뜸으로 꼽는 예술품으로 평가받고 있습니다.

38

신라가
그릇 이름이라고?

'차이나(China)'는 중국이라는 국가를 나타내는 영문 이름입니다. 그런데 '차이나'에는 또 다른 뜻이 있어요. 무엇일까요? 바로 도자기입니다. 예전에 영국에서 중국 도자기가 크게 인기를 끌면서 도자기를 아예 차이나라고 불렀던 것이지요. 그런데 고대에 중국과 일본에서 '신라'라고 부른 신라산 상품이 있었다고 해요. 그게 무엇일까요?

유기는 청동 즉 놋쇠로 만든 그릇으로, 흔히 놋그릇이라고도 부릅니다. 구리 80~85퍼센트와 주석 15~20퍼센트를 합금하면, 황금색을 띠는 튼튼하고 질 좋은 유기를 만들 수 있어요.

10세기 후반에 일본에서 신라산 유기를 사라(鈔羅)라고 불렀는데 이 말의 어원이 바로 '신라(新羅)'입니다. 신라를 사라(斯羅)라고도 불렀는데, 바로 여기에서 유래한 것이지요. 신라산 유기 제품이 질 좋고 튼튼해서 일본에서 큰 인기를 끌자, 일본 사람들이 유기를 아예 신라 국명을 뜻하는 '사라(신라)'라고 부른 것입니다.

752년(경덕왕 11년)에 신라가 일본에 유기 제품을 대량으로 수출했다는 것을 알려 주는 문서가 일본에서 발견되었어요. 당시 일본 귀족들이 사고 싶은 품목을 적은 문서인 '매신라물해'예요. 이 문서에 적힌 품목 가운데 절대 다수가 유기 제품이었어요. 신라의 유기 제품이 일본 귀족들에게 얼마나 인기가 있었는가를 가히 짐작하고도 남지요.

일본뿐만 아니라 중국에서도 역시 유기 제품을 '신라'라고 불렀다는 것을 확인할 수 있어요. 중국 송 사람인 정대창은 신라의 유기 제품이 중국에서 널리 각광을 받고 있으며, 중국 사람들은 그것을 신라 또는 사라(斯羅)라고 불렀고, 그것을 후세에 시라(厮羅)라고 바꾸어 불렀다는 글을 남겼어요.

또 당의 어떤 사람은 '페르시아 청동으로는 가히 거울을 만들 수 있고, 신라의 청동으로는 종을 만들 수 있다'고 했어요. 흔히 에밀레종이라고 부르는 '성덕 대왕 신종'은 영롱하고 맑은 소리로 아주 유명하지요. 성덕 대왕 신종의 성분을 조사해 보니 구리 82.03퍼센트, 주석 13.23퍼센트, 기타 4.74퍼센트였어요. 이 종은 신라에서 청동으로 종을 만드는 기술이 뛰어났음을 알려 주는 대표적인 사례라고 볼 수 있지요. 신라에서 뛰어난 기술력을 바탕으로 우수한 종을 만들어 당에 수출했기 때문에 중국에서 신라의 청동으로 종을 만든다는 말이 널리 퍼졌을 거예요.

"신라에서 만든 양탄자도 인기가 많아"

신라산 상품 가운데 유기만 인기를 끌었던 것은 아니에요. 일본 나라에 있는 절 도다이지(東大寺)에 있는 왕실 창고에는 신라에서 일본에 수출한 물품이 많이 소장되어 있어요. 이 가운데 양의 털로 만든 양탄자 '모전'이 가장 유명해요. 이곳에는 화려한 꽃무늬가 그려진 삭품까지 모두 45섬이 보관되어 있어요. 9세기 초반 일본에서는 중국에서 수입한 모전을 신라 제품보다 하등품으로 취급할 정도로 신라의 양모 기술을 높게 평가했어요. 또한 신라의 양씨 집안과 무씨 집안에서 만들었다는 표가 붙은 질 좋은 먹도 이 창고에 보관되어 있지요.

오늘날에도 우리나라에서 만든 제품이 세계 시장에서 날개 돋친 듯이 팔리고 있어요. 우리나라 사람들이 빼어난 기술력으로 우수한 제품을 만들기 때문에 해외에서 각광을 받고 있지요. 천 년 전 신라 사람들의 뛰어난 기술력이 지금까지 이어져 오늘날 대한민국을 수출 강국으로 거듭나게 한 것 아닐까요?

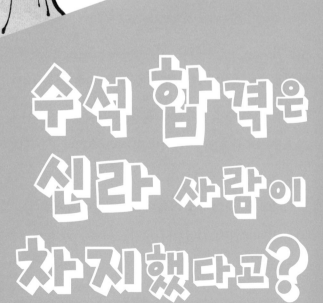

39

내가 당 과거 수석 합격자
이거늘, 어쩌 신라 골품제의
벽은 이다지도 높은지.

수석 합격은
신라 사람이
차지했다고?

신라의 유학자 가운데 가장 유명한 최치원은 열두 살에 당에 유학 가서 열여덟 살에 빈 공과에 합격해 당의 관리로 일했어요. 빈공과는 당에서 외국인을 상대로 실시한 과거 시험을 이릅니다. 그리고 최치원은 스물아홉에 신라로 돌아와 관리 생활을 했어요. 최 치원은 왜 어린 나이에 당에 유학을 갔을까요?

 삼국을 통일한 신라는 왕권 강화를 위해 유학을 통치 이념으로 삼았어요. 신 문왕 때인 682년에는 오늘날의 대학에 해당하는 국학을 설립해 학생들에게 유학 경전을 가르쳤고, 원성왕 때인 788년에는 국학 학생의 독서 능력을 평가해 관리로 등용하는 '독서삼품과'를 시행 했습니다.

유학(儒學)은 중국에서 기원해 발달한 학문이에요. 그래서 삼 국 시대부터 중국에 가서 유학을 배우려는 학생들이 많았지요. 중 국 유학생들은 당의 수도인 장안과 낙양에 있는 교육 기관에서 수 학했어요. 유학생은 크게 나라에서 보내 주는 국비 유학생과 자기 돈으로 모든 비용을 내는 사비 유학생이 있었고, 수업 연한은 10년 이었어요. 국비 유학생은 주로 왕족이나 귀족 자제들로, 신라와 당으로부터 왕복 교통비, 의복 및 식비, 숙박비 같은 체재비, 책값 등을 지원받았다고 해요.

당에서는 821년에 처음으로 외국인이 응시할 수 있는 과거 시험인 '빈공과'를 시행했어요. 이후 당으로 간 유학생 수가 폭발적으로 증가했지요. 837년에 당의 국학(국자감)에 다니는 유학생은 무려 206명이나 되었어요. 840년에 수업 연한이 지나 귀국한 유학생이 105명이었고요. 두 사례를 통해 빈공과 개설 이후 신라 사람들 사이에 유학 열풍이 분 것을 알 수 있어요.

821년, 신라 사람 가운데 김운경이 최초로 빈공과에 합격해서 당의 관리로 일하다가 귀국했어요. 그때부터 당이 멸망할 때까지 약 58명의 신라 사람이 빈공과에 합격했지요. 이 밖에 발해 사람 10여 명이 합격했고, 대식국(사라센 제국)과 일본에서는 각각 급제자를 한 사람씩 배출했답니다.

빈공과의 수석 합격은 주로 신라 사람이 차지했어요. 빈공과에 수석을 차지한 신라 사람으로 최치원, 최언위, 최승우, 박인범 등을 들 수 있지요. 이들은 신라 말기에 학문으로 이름을 날렸고, 특히 최언위와 최승우는 각기 고려와 후백제에 발탁되어 명성을 얻었답니다.

빈공과에 합격한 외국 사람은 당의 관리로 일하기도 했지만, 높은 관직으로 승진한 경우는 드물었어요. 이 때문에 빈공과에 합

독서삼품과 신라 때 나라에서 세운 유교 교육 기관인 '국학'의 졸업생 실력을 평가해 관리로 등용하는 제도로 원성왕 때인 788년에 설치했다. 유교 경전을 해독하는 능력에 따라 상품·중품·하품으로 구분했고, 그에 따라 차등을 두고 관리로 뽑아 썼다. 하지만 신라 말기로 갈수록 왕위 쟁탈전이 심해지고 골품제가 점점 더 폐쇄적이 되면서 출신이 더욱 중요해진 데다 당 유학생이 늘어나면서 비중이 점차 줄어들었다.

격힌 신라 사람들은 고국인 신라로 돌아와 관리로 등용되기를 희망했지요. 이른바 금의환향(錦衣還鄉)을 꿈꾸었다고 해요. 신라에서는 빈공과에 합격하고 귀국한 사람들을 대부분 관리로 채용했고, 어떤 신라의 왕은 빈공과 합격자에게 녹봉을 후하게 주고 우대하기도 했어요.

"빈공과에 합격했다고? 그래도 귀족은 아니야"

그러면 신라에서 빈공과에 합격한 사람들을 늘 크게 환영했을까요? 다 알다시피 신라는 골품제 사회였어요. 골품 가운데 진골 신분만 높은 관리로 등용되어 정치적·사회적 특권을 누렸어요. 독서삼품과를 설치해 관리를 등용하기도 했지만, 일반적으로는 천거를 통해 관리를 뽑아 썼어요. 특히 혈연·혼인으로 맺어진 친족을 주로 관리로 등용했다고 해요. 이것은 왕족이나 진골 귀족들이 자신의 일가친척을 관리로 추천했다는 뜻이에요.

그런데 최치원을 비롯한 빈공과 합격자의 대부분은 6두품 신분이었어요. 빈공과 합격자들은 신라에서 관리로 등용되었다고 해도 6두품 출신이기 때문에 고위 관직에 오를 수 없었지요. 게다가 진골 귀족들이 실력이 뛰어난 빈공과 합격자들을 많이 견제했고 심지어 시기 질투하는 경우도 적지 않았어요.

『삼국사기』에 따르면 중국에서 유학하고 돌아온 최치원은 자신의 뜻을 펼치려고 했으나 의심과 시기가 많아 뜻을 이루기 어려웠다고 고백했어요. 결국 최치원은 진골 중심의 신라 왕조에 대한 희망을 접고 해인사에 숨어 살며 여생을 마쳤답니다.

비록 당 유학생들은 신라에서 크게 빛을 보지 못했지만, 그들의 뛰어난 학문과 해박한 지식은 고려 광종 때 실력을 평가해 관리로 등용하는 과거제의 중요한 자산이 되었어요. 결국 당에 유학하며 땀과 눈물을 흘린 신라 사람의 노력, 그것이 바로 혈연과 신분을 중시하던 사회에서 학문 실력을 평가해 관리로 등용하는 새로운 사회로 나아가는 귀중한 디딤돌이 되었답니다.

40

발해를 왜
해동성국이라고
불렀을까?

중국인들이 해동(海東)의 융성한 나라, 즉 '해동성국'이라고 부른 나라가 있었는데, 바로 발해랍니다. 그러면 중국인들이 어떤 이유 때문에 발해를 해동의 융성한 나라라고 불렀을까요?

발해는 698년에 대조영이 건국한 나라예요. 2대 무왕 때 활발한 정복 사업을 벌여 고구려의 옛 땅을 회복해 나갔어요. 그러면서 동해안 지역에서 신라와 국경을 맞닿게 되었고, 등주(중국 산둥성 봉래)를 공격하기도 했지요. 3대 문왕 때는 당과의 관계를 회복하면서 당의 제도를 적극 수용해 국가 체제를 정비해 나갔어요. 그러는 한편으로 발해가 고구려를 계승한 국가임을 분명하게 밝히고, 일본을 사위의 나라라고 낮추어 대우했지요.

문왕의 사망 이후 발해는 한동안 왕위를 둘러싼 다툼으로 국력이 약해졌어요. 그러다가 9번째 왕위에 오른 선왕은 발해의 중흥을 꾀했지요. 선왕은 왕위 계승 분쟁을 수습하고, 정복 활동을 활발하게 전개해 최대의 영토를 차지했어요. 선왕 때 발해의 영역은 만주 벌판과 연해주, 한반도 북부 지역까지 뻗어 나갔어요.

선왕의 중흥에 힘입어 발해는 11대 대이진부터 13대 대현석에 이르기까지 융성기를 맞았어요. 덕분에 '(발해가) 자주 학생들을 보내 (당의) 수도에 있는 태학에서 수학하게 하면서 옛날과 지금의 제도를 배우고 익혀 가더니, 마침내 이때에 이르러 해동의 융성한 나라(海東盛國)가 되었다'는 기록이 남아 있어요.

발해는 당에 유학생을 많이 보냈는데, 이 가운데 10여 명이 빈공과에 합격했어요. 빈공과의 수석 합격은 대부분 신라 사람이 차지했는데 872년에 발해 사람인 오소도가 수석 합격을 했어요. 오소도는 발해에 귀국해 재상 자리에 올랐지요. 906년에는 오소도의 아들 오광찬이 빈공과에 차석으로 합격했어요. 이때에는 신라 사람 최언위가 수석 합격을 했지요.

당에서 유학하고 돌아온 발해 사람들은 당의 문물을 널리 보급했어요. 그 결과 당 사람이 '발해가 비록 중국에서 멀리 떨어져 있으나 수레를 만드는 법이나 책의 내용은 당과 다름이 없다'라고 평가할 정도로, 발해의 문물과 학문이 크게 발달했어요. 당 사람들은 발해의 문화가 중국과 별반 차이가 없자, 발해를 해동의 융성한 나라라고 부른 것이지요.

"첫 번째 자리에 앉혀 달라고!"

9세기 후반, 발해의 국력이 강성했음을 엿보게 해 주는 일화가 하나 전해요. 당에서는 외국 사신들을 서열을 매겨 자리를 배치했어요. 동쪽의 첫 번째 자리에는 신라 사신, 서쪽의 첫 번째 자리에는 대식국 사신이 앉게 했고, 발해 사신은 두 번째 이하의 자리에 앉도록 했어요. 그러다가 897년 7월에도 당이 발해 사신을 뒷자리에 앉게 하자, 발해는 왕자 태봉예를 보내 발해 사신을 앞자리에 앉게 해 달라고 청원했어요. 그런데 당은 사신의 좌석 서열은 단지 국력의 강약만으로 함부로 변경할 수 없다며 발해의 요구를 들어주지 않았지요. 비록 발해의 요구는 수용되지 못했지만 당시 발해의 국력이 강성했다는 사실은 인정할 수 있지요.

그런데 발해는 융성기가 지난 지 얼마 안 되어 곧 멸망했어요. 멸망의 가장 큰 원인은 발해의 사회 구성에서 찾을 수 있어요. 발해는 소수의 고구려계 유민과 다수의 말갈족으로 구성되었는데, 말갈족 대부분은 국가의 통제를 받지 않고 부락 단위로 자치 생활을 했어요. 10세기에 들어 발해의 지배력이 약화되자 말갈족이 대거 통치 체제에서 이탈한 데다 지배층 사이에 대립과 분열이 극심했어요. 이 틈을 타 거란이 발해를 공격했고, 마침내 926년 12월에 발해의 수도 상경성을 함락하여 멸망시켰지요. 발해 멸망 후 고구려계 발해 사람들은 대거 고려로 망명했고, 고려의 왕건은 같은 민족이라며 그들을 적극 포용했어요.

발해의 멸망 뒤 만주 벌판은 우리 역사의 무대에서 벗어났어요. 하지만 고구려계 발해 사람들이 대거 고려로 망명함으로써 발해의 역사적 전통의 일부는 우리 역사 속에 융합되어 오늘날까지 면면히 이어지고 있답니다.

질문하는 한국사1 고대

삼국은 왜 틈만 나면 전쟁을 벌였을까?

초판 1쇄 발행 2019년 12월 10일
초판 3쇄 발행 2021년 7월 27일

지은이 전덕재
그린이 장경혜
펴낸이 이수미
편집 김연희
북 디자인 신병근
마케팅 김영란

종이 세종페이퍼 인쇄 두성피엔엘 유통 신영북스

펴낸곳 나무를 심는 사람들
출판신고 2013년 1월 7일 제2013-000004호
주소 서울시 용산구 서빙고로 35, 103동 804호
전화 02-3141-2233 팩스 02-3141-2257
이메일 nasimsabooks@naver.com
블로그 blog.naver.com/nasimsabooks

ⓒ 전덕재, 2019
ISBN 979-11-90275-09-5
     979-11-90275-08-8(세트)

• 이 도서의 국립중앙도서관 출판예정도서목록(CIP)은
서지정보유통지원시스템 홈페이지(http://seoji.nl.go.kr)와
국가자료공동목록시스템(http://www.nl.go.kr/kolisnet)에서 이용하실 수 있습니다.
(CIP제어번호:CIP 2019047612)

• 책값은 뒤표지에 있습니다. 잘못된 책은 바꾸어 드립니다.